现代小学道德与法治课教学模式的研究

苏念◎著

吉林文史出版社

图书在版编目（CIP）数据

现代小学道德与法治课教学模式的研究/苏念著
. -- 长春：吉林文史出版社，2024.1
ISBN 978-7-5752-0031-8

Ⅰ.①现… Ⅱ.①苏… Ⅲ.①政治课-课堂教学-教
学模式-研究-小学 Ⅳ.①G623.102

中国国家版本馆 CIP 数据核字（2024）第 016731 号

XIANDAI XIAOXUE DAODE YU FAZHIKE JIAOXUE MOSHI DE YANJIU

书　　名	现代小学道德与法治课教学模式的研究
作　　者	苏　念
责任编辑	陈　昊
出版发行	吉林文史出版社有限责任公司
地　　址	长春市福祉大路 5788 号
网　　址	www. jlws. com. cn
印　　刷	北京四海锦诚印刷技术有限公司
开　　本	185 毫米×260 毫米　1/16
印　　张	9.5
字　　数	213 千字
版　　次	2024 年 1 月第 1 版　2024 年 1 月第 1 次印刷
定　　价	52.00 元
书　　号	ISBN 978-7-5752-0031-8

前　言

社会各界对小学教育教学工作关注度提高，对小学生的道德水平与法治素养也有了新的要求。小学生正处于思想形成的关键期，小学时期对小学生进行道德与法治教学活动，对他们的个人成长而言有着重要的作用。因此，在新课标的客观要求下，对如何科学有效地开展小学道德与法治课堂教学活动，笔者进行了相关内容的探讨并提出了具体的教学策略。

基于此，本书以《新课标下小学道德与法治课教学模式的研究》为题，全书共设置六章：第一章阐述道德与法治课程的学科性质与学习意义、小学道德与法治课程的教学目标与原则、新课标下小学道德与法治的课程内容；第二章论述小学道德与法治教材的全面解读、小学道德与法治的显性课程资源、小学道德与法治的隐性课程资源；第三章讨论体验式教学模式在小学课程中的运用、小学道德与法治课体验式教学的解读、新课标下小学道德与法治课的体验式教学；第四章探讨道德与法治课生活化教学的理论依据、小学道德与法治课的生活化教学设计、新课改下小学道德与法治课的生活化教学；第五章分析小学道德与法治课有效教学的提升策略、道德叙事法在小学道德与法治课的应用策略、情境教学法在小学道德与法治课的应用策略；第六章探究小学道德与法治课的教学组织实施、小学道德与法治课的教学评价新路向。

本书从小学道德与法治教学的基础概念出发，由浅入深、层层递进，对小学道德与法治的课程资源与教学模式进行解读，分析了小学道德与法治课的教学策略并提出了建议，为小学道德与法治课程的发展提供了一定的参考价值。

在撰写本书的过程中，笔者得到了许多专家学者的帮助和指导，参考了大量的相关学术文献，在此表示真诚的感谢。本书内容系统全面，论述条理清晰、深入浅出，力求论述翔实，但是由于笔者水平有限，书中难免会有疏漏之处，希望同行学者和广大读者予以批评指正。

目　录

第一章　小学道德与法治教学的基础 ………………………………… 1

第一节　道德与法治课程的学科性质与学习意义 ……………………… 1

第二节　小学道德与法治课程的教学目标与原则 …………………… 4

第三节　新课标下小学道德与法治的课程内容 ……………………… 17

第二章　小学道德与法治的课程资源 ………………………………… 21

第一节　小学道德与法治教材的全面解读 …………………………… 21

第二节　小学道德与法治的显性课程资源 …………………………… 31

第三节　小学道德与法治的隐性课程资源 …………………………… 37

第三章　小学道德与法治课的体验式教学模式 …………………… 49

第一节　体验式教学模式在小学课程中的运用 …………………… 49

第二节　小学道德与法治课体验式教学的解读 …………………… 67

第三节　新课标下小学道德与法治课的体验式教学 …………… 73

第四章　小学道德与法治课的生活化教学模式 …………………… 77

第一节　道德与法治课生活化教学的理论依据 …………………… 77

第二节　小学道德与法治课的生活化教学设计 …………………… 83

第三节　新课改下小学道德与法治课的生活化教学 …………… 88

第五章　小学道德与法治课的多元化教学策略 ·········· 93

　　第一节　小学道德与法治课有效教学的提升策略 ·········· 93

　　第二节　道德叙事法在小学道德与法治课的应用策略·········· 100

　　第三节　情境教学法在小学道德与法治课的应用策略·········· 104

第六章　小学道德与法治课的教学实施与评价 ·········· 107

　　第一节　小学道德与法治课的教学组织实施 ·········· 107

　　第二节　小学道德与法治课的教学评价新路向·········· 123

参考文献 ·········· 144

第一章　小学道德与法治教学的基础

小学是学生端正品行和形成法治意识的关键时期，道德与法治的教学不仅可以促进学生道德意识的良好形成，还可以帮助德育的发展。

第一节　道德与法治课程的学科性质与学习意义

一、道德与法治课程的性质

"道德与法治课程是道德教育与法治教育的融合，是义务教育阶段的思政课，在落实立德树人根本任务中发挥着铸魂育人的作用，具有政治性、思想性和综合性、实践性。"① 课程与教育作为课程教学论来讲，是一个同时具有理论性和实践性的课程，这也是对道德与法律课程与教育专业性质的基本定位。但是从当代教学者专业发展和教学者教育一体化的趋势来看，其应该既反映学科教育教学的基础理论知识与学科教育教学技能，还要反映教学者的职业情意，所以，道德与法治课程应是一门综合性课程。

（一）以学科教育教学的理论知识为基础

任何一个课程的发展都是有一个科学的教育理论体系为依据的，课程理论是教育课程论的理论基石，以教育课程的基本性质和一般原则为主要研究内容；课程教育论是课程理论的主要分支，探讨的是一个课程教育活动的基本性质与原则。道德与法治课程和教育研究，对实践中的教育事件与现象加以说明、阐释、研究，并阐述教育课程的具体实践性质与发展，共同构成了教育基本理论结构，涉及道德与法治课程的教学特点、作用、功能、课程标准、研究内容、教学原则、教育原则、教学流程、教学模式、课程评估、教学实践等。

为了满足当前教育课程发展和教学改革中对教学者教育素养的需求，在课程教学理念框架中还将包含现代教学思想与传统教育观念、教学者职业理念与职业道德、知识与法治

---

① 冯建军．义务教育道德与法治课程性质［J］．思想政治课教学，2022（05）：4.

教育精神、培养教学者教学研究意识和自主反思意识等方面内容。课堂教学是一项理性社会活动，身为课堂实施主体的教学者，需要了解必要的课堂理论知识，并用理论推动实践，以便使自身不至于在课堂中迷失方向或误入歧途。

（二）以提升学科教育的教学技能为中心

实际课堂中的问题存在很大的情境性，使得各种问题的处理都没有既定的模板可循，这就要求教学者在课堂上将学科基础知识与实践教学能力的培养紧密联系一起，以实际中的教育现状、问题的正确理解为出发点，形成一个理想的课堂，完成对实际课堂的突破，在实践中创造性地解决问题。显然，课程教学论的实践性绝非指向课程实施中问题的直接解决，而是更多地表现为对实际课程的规范与导向。道德与法治课程的理论源于教育实际，解决了教育中如何教与怎么学的关键性问题，具有实践性，对改善课堂教学发挥应有的影响。

道德与法治课程教学论，是一个实用性较强的教育应用课程。而道德与法治课程教学论，是全体从事道德与法治课程教育与科研工作者的劳动产物，是在教学思想、教学论思想与教育实际情况相结合的基础上，产生与发展出来的。其作为独特的基础理论课程时，它能为课堂教学提供思想、方法、知识与手段，能为提升教学质量、促进教学科研服务。道德与法治课程的理论具有较强的实用性，是综合性的基础理论课程。

（三）以培育未来的优秀教学者为目标

教学的意义和价值都是通过教学来完成的，而教学者的教学水平又是决定教学的关键因素。蓬勃发展教学，就需要发展教育。

目前，高等教育蓬勃发展的主要方向就是实行师资教育一体化策略。师资教育一体化策略是指为顺应教学者学习化社会经济发展的要求，以教学者终身教育思路为指引，按照高等教育学科发展的基础理论，对教学者职前、入职后和任职教育阶段实施全程的教学方案设计，以建立起在师资教育的不同阶段内彼此连贯，既各有侧重点，又有内在联系的师资教学系统。这个战略中所述的"融合"概念是多角度的，将教学者的知识、技能、技术、才能等智力因素蓬勃发展与心态、社会情感、意志力、兴趣爱好等非智力因素发展有机结合是其中之定义。为了顺应现代高等教育学科发展的新要求，加强对师范学生的教学者职业情意培育是很有必要的。

道德与法治课程学习目标的教育教学理论为学生完成道德与法治课程的教学目标提供理论指导，教育教学技能为理解教育教学理论提供实践和验证环境，教学者职业情意的培育则为教育教学理论的理解和教育教学技能的训练提供良好的心理条件，增强其学习的主动性和积极性，提高学习的效果。

二、学习道德与法治课程与教学的意义

（一）从事教育教学工作的基本需要

通过道德与法治课程与教学的学习，学生在掌握基本的教育教学理论知识的基础上，去思考如何将教育教学的一般性理论和道德与法治课程的教学结合，掌握道德与法治课程的教学规律，根据社会发展需要调整教学目标、方法，增强教学的针对性、实效性，确保将来教学之路有明确、正确的方向。通过教育教学技能的实战训练，学生对理论知识做到融会贯通，提高自身职前的教学技能，能够更快度过从业后的适应期。

（二）社会发展的需要

一个优秀的思想道德教育和法制课程教学者，不但要具备深厚的学科基础知识、坚实的教育教学理论、过硬的教育教学能力，还要有深厚的职业情意。党的十八大以来，我国全面贯彻新发展理念，加快构建新发展格局，引领中国经济沿着高质量发展轨道迈向更光明的前景。不过，社会开放发展也向人类提出了史无前例的巨大挑战，尤其是在思想道德、意识形态教育领域，人类面临着诸多社会不和谐的因素，如急功近利、价值观扭曲、信念不足等。如果担任道德与法治课程教学的教学者自身的职业素养不高，则会直接影响思想道德教育的效度和信度。所以，加大对教学者的职业情意的培育就显得尤为重要。通过职业情意教育的方式，可以提高教学者对职务角色的理解，从而启发教学者更加热爱本职工作，凝神聚力，潜心钻研教育课程；坚定职业理想，才能谋求专业发展，提高职业素养；养成职业道德，才能以较高的品德修养、正确的价值观影响学生。

（三）教育教学改革与师资专业化成长的要求

从基础教育的学科变革出发，突破传统的教学概念只限制在专业课程本身的桎梏，使教学拥有更加丰富的内涵，深入研究教育资源，不断汲取科学与社会发展的新成就、新内涵。彻底改变学校传统的注入式教学模式，强调全体师生一起了解和关注学生知识的自主形成，在落实主体教育原则同时，注重学生的特点和才能，切实达到因材施教，提高教学过程与结果的统一和认识与情意的统一；改进学生的学习方法，通过探索和研究性教学，培养小学生的独立意识和兴趣爱好。

从现代教育应用的技术手段出发，互联网、多媒体的广泛应用，慕课、对分课堂等手段的应用，都为教学模式的变革提供了物质基础，如果教学者不及时掌握并熟练应用这些

新技术手段，就一定会被淘汰。

从教学者专业化要求来看，国家对教学者既有学历标准要求，也有专业知识、教育教学能力、职业道德要求。目前，一些地方道德与法治课程长期由其他专业的教学者兼职教学，师资状况不容乐观。可以通过对现有教学者进行专业化培训，改善因专业不对口而导致的教学者职业素质不高的现状。

第二节　小学道德与法治课程的教学目标与原则

"小学道德与法治课程能够帮助学生树立良好的品格，使学生具备正确的人生观、世界观和价值观，同时，也能通过法治教育提高学生的法治素养，使学生能够在生活中知法守法，因此，道德与法治课程是促进学生全面发展的重要科目，教师在教学过程中应当结合小学阶段学生的身心发展规律制定有效的教学策略，不断提高道德与法治课程教学的实效性，以促进学生的全面发展。"[1]

一、教学目标的含义及功能

（一）教学目标的含义及层次

1. 教学目标的含义

教学目标是教学活动施行的方向和预期达到的效果，是所有教学活动的出发点和归宿。教学目标强调了由学习活动所引发的，学生在学习前后的变化，即当完成一段时间的学习后，学生能够做些什么，应该掌握什么，或能够具备哪些特征和能力。简言之，教学目标就是关于教学将使学生产生何种变化的具体表述，是指在教学活动中期望收获的可测量的学生的学习效果。

2. 教学目标的层次

关于教育教学方面的目标，由于层次不同，可以分为以下内容：

（1）教育目的。教育目的是社会培养人的总要求，是依据一定社会的经济、政治、文化、科技发展水平要求和受教育者身心发展规律和状况确定的。它反映了一个国家或一定社会对培养人的方向的指导性要求，往往体现在宪法、教育基本法以及国家的教育方针之中。教育目的的实质是培养什么样的人，表达了一定社会终极的教育价值，是教育工作的出

---

[1]何碧玉. 小学道德与法治课程的课外延展方式探究 [J]. 考试周刊，2021（25）：113.

发点和最终目标，指导着各级各类教育活动。我国现阶段的教育目的是培养德、智、体、美、劳全面发展的社会主义事业的建设者和接班人。

（2）教育目标。教育目标是培养人的方向和规格，是对教育目的的具体化，体现的是对不同性质和不同阶段教育的要求，又称各级各类学校的培养目标。如我国现阶段的小学教育目标旨在对每一名小学生进行养身育心，以实现小学生德、智、体、美、劳诸方面的全面发展，为其终身可持续发展奠定基础；小学阶段的法治教育目标着重普及宪法常识，养成守法意识和行为习惯，让学生感知生活中的法、身边的法，培育学生的国家观念、规则意识、诚信观念和遵纪守法的行为习惯。

（3）课程目标。课程目标是一门课程的意图和所要达到的教学要求，是具体化的教育目标，是针对某一具体学科领域的特点和学生发展的状况而提出的具体目标。课程目标是课程设置的直接目标，它从课程的角度规定了学生通过某门课程的学习后，在品德、智力、体质等发展方面所应实现的学习效果，在课程标准中出现。课程目标是课程的价值导向和宗旨，是课程开发的出发点和落脚点，是确定课程内容和设计教学目标、教学方法的根基。

（4）教学目标。教学目标是对课程目标的进一步具体化，与具体的教学内容和过程密切相关，是关于教学活动能使学生身心产生何种变化的明确描述，是对学生在教学活动中及结束后所要达到的各方面状态的规定或设想，表达了在教学活动中所期望学生收获的学习结果，又称为课堂教学目标。教学目标是对课程目标的分解和细化，当落实和实现了每一个课堂教学目标，课程关注的大目标也就完成了。

教学目标可具体细化为单元目标、课的目标和课时目标。单元目标是在一个教学单元中要完成的任务；课的目标是在一篇课文中要达到的目标；课时目标是每节课要实现的任务；单元目标、课的目标和课时目标层层递进，一个比一个清晰、具体和指向性明显。教学目标通常指的是课时目标。

（二）教学目标的功能

教学目标不仅是教学活动所要实现的预期目标，还对教学活动具有重要的调节作用。有效的教学目标规定着教师的教和学生的学，支配着教学活动的全过程，对组织教学内容、确定教学重点、选择教学方法、安排教学流程等起着重要的导向作用，是课堂教学的灵魂，是落实课程目标的保障。合理、恰当的教学目标一经确定，有助于规范教学活动的方向性和目的性，避免无目标的随意性教学行为，对课程目标的真正落实和教与学双向活动的高效开展起到积极的促进作用，具体功能如下：

1. 实现课程目标

教学目标的准确设立是实现课程目标的基本途径。一个明确的教学目标，是有计划、成体系、循序渐进地保障课程目标贯彻落实的重要手段。通过设立科学、准确的教学目标，把课程目标、单元目标进行每课时的具体化处理，教师对课程有清晰的认识，避免对课程标准和教学内容的随意阐释，确保了课程的方向性和一贯性，实现课程目标的落地。

2. 调控教师的教学

教学目标是教师教学活动的指南，它调节和控制着整个教学过程，对教学活动的开展具有统领作用。预期的教学目标是教学准备、实施的指挥棒，使教师合理利用课时、科学组织教学内容、选择教学策略，充分发挥教师的主导作用，有效实现对教学的掌控。教师以预期目标为依据，预设、组织和实施教学活动，充分运用设问、探究、体验、测试等方法调控课堂教学，使教学活动朝着预期的目标发展。

教学目标还具体反映了教师的教育思想和理念，为了促使学生发生预期变化，实现教学目标，教师会精心组织教学内容，删减、补充或整合给定的教材内容，研究和采用使学生收获最大化的教学策略与方法，科学设计教学过程，调整课堂节奏，优化教学环节，提高课堂效率，确保教学活动的有序性、连贯性和整体性。

3. 激励学生的学习

对学生来说，学习的第一要务应当是明确学习目标。教学目标是以学生为主体，对学生学习效果程度的描述，是学生进行学习活动的指标。上课前，对教学目标的明确，可以使学生了解预期的学习任务，将教学目标内化成自己的学习目标，更好地制订符合自己实际的学习方案，实现有效学习。在课堂学习过程中，教学目标可以激发学生的学习动机，改善学生的学习表现。合理的、符合学生认知水平的教学目标能激发学生的学习动机和学习积极性，使学生产生实现目标的强烈愿望，形成学习心向和学习内驱力。

教学目标需要教师根据学生的学情、经验和个体的实际需要确立具体的、高于学生现有的发展水平、难度适中的教学目标，这样才能更好地发挥学生学习的主体作用，使其产生主动参与学习的意识，自觉选择学习方法并监督自己的学习进程，获得较持久的学习动力，提高学习效率。

4. 提供教学评价的依据

教学目标是对学生学习效果的预设，具体的教学目标为检验学生学习效果提供了客观的评价依据。对教学目标的检验内容包括评判教学目标是否实现，目标实现到何种程度、教学质量如何、能否进一步优化教学过程等为检验的标准和依据。教学目标，为客观评价提供了明晰的指标，为教学评价提供了科学依据，有助于教师对教学过程的评鉴和修改。

二、道德与法治课程教学目标的设立

（一）道德与法治课程目标

从课程目标的功能来看，道德与法治课程目标既是教材编写的依据，也是教师分析教材、设计教学的依据。课程目标不但规定着教学设计的方向，还决定着教学资源、教学活动的取舍和组织。教师在选择教学内容时必须严格按照课程目标的要求进行选取，这些内容出现的阶段，呈现的方式，都取决于课程目标的规定。课程目标的三维特点引领着学生学习本课程的方式，为学生学习方式的选择提供了标准和依据。此外，课程目标还是课程实施和课程评价的指标，是教学活动的价值追求。

立德树人是教育的根本任务，道德与法治作为显性的德育课程，把情感态度与价值观目标放在了首要的、突出的位置，关注学生良好道德品质、法治意识和国民素养的培育，促进学生健康发展和良好行为习惯的养成，使学生学会做人、学会做事，过有理想追求、有思想境界、有良好道德、有法治素养的生活。情感态度与价值观目标要求道德与法治课程的教学不仅要实现学生对知识的学习、认知水平的提高和能力的培养，更要重视对学生良好道德品质、性格和价值观的塑造和转变。

此外，课程目标中不仅有直接的、终结性的目标，如道德认知目标、知识目标、能力目标、行为目标，还有一些只能在学生学习过程中间接实现，并贯穿各个活动之中的间接的、过程性的目标，如合作学习的能力、探究与思考能力、倾听和表达能力、搜集和整理信息的能力、与他人有效沟通的能力、相互配合的能力等，它们既是学生完成学习任务不可缺少的，又是学生成长、适应社会所必须具备的，在教学中须二者兼顾，不能偏废。

在课程教学中，要把知识的学习、情感态度与价值观的培育和过程方法、行为能力的培养融为一体，既不能单纯、片面地强调知识的学习，也不能脱离知识能力的教学和过程方法的运用进行抽象的、空洞的情感态度与价值观教育。

（二）教学目标的设立

教学目标是教学活动的核心和灵魂，对教学活动起着导向、激励、调节和测评的作用，它支配着教学的全过程，它既是教学的价值定位，又是教学实施和评价的依据。教学目标不仅规定着"教"与"学"的方向，更关系到课堂教学效率问题，教学环节中设计的各项活动，都是为了落实教学目标。可见，教学目标的准确定位是有效教学的前提。

1. 设立教学目标的依据

教学目标的设立受课程标准的制约，要依据教材，根据学生实际和具体的教学条件，确定以学生为本的教学目标。

（1）紧扣课程目标。课程目标是课程的价值导向和宗旨，是对教学活动整体性的要求，它集中了学科发展的现状和时代的需要，是把握每一课时教学目标的基础和前提。课程目标往往需要通过一系列教学活动才能实现，尤其是情感态度与价值观目标必须经过长期的熏陶、一以贯之的培养才能实现。因此，在设立教学目标前，教师须仔细研读课程标准，把握课程的性质、任务，理解课程理念，明确道德与法治课程的总目标，领会目标的内涵和特点。在整体把握课程目标的基础上，熟知课程目标对每一节课的目标规定，确定每节课的具体目标，处理好课程目标和具体教学目标之间的关系，把握教学的整体方向和核心价值。

（2）整体把握教材。教材是实施课程标准、实现教学目标的最基本的资源。教师应站在整套教材的高度俯瞰教材的具体要求，认真细读教材，厘清整套教材的教学目标序列，准确把握教材的内容和编排体系，了解教材的逻辑结构和呈现方式，理解单元与单元、单元与课目教材内容之间的关系，尊重教材的整体性、系统性和逻辑性，确定适当的教学目标。

（3）深入了解学生。教育是促进人的发展的活动。教学目标的设置必须考虑学生发展的需要，应该适于学生某一阶段的年龄实际、认知规律和接受能力。研究学生需要充分考虑学生的认知基础和认知差异，了解学生的现实生活和实际关系，了解每个学生的生理、心理特点和个性化需要，了解其家庭和所在社区的状况，把握学生的个性特征、已有的认知水平，知道学生要经历怎样的过程才能实现情感的升华、知识的获取和能力的提高；掌握学生的年龄特征、行为表现及实践能力，设立符合学生身心发展实际、可行的教学目标。

2. 教学目标的三个维度

教学目标依据课程目标而设立，是对课程目标的具体化，教学目标的内容和范围应与课程目标保持一致。根据课程目标的维度表述，教学目标应分为以下维度：

（1）情感态度与价值观目标，是学生体验学习过程或结果后的倾向和感受，是对学习的主观经验，又叫体验性目标。它包括个体需要是否得到满足时的情感体验、学习和生活方面的态度、价值取向或看法等。小学生价值观培养的最基本要求是认清真善美。

（2）知识与技能目标，是学生通过学习所能获得的学科知识和基本能力，是对学生学习结果的描述，又叫结果性目标。学懂、学会、能应用是这种目标在层次上的要求。

（3）过程与方法目标，是在教师指导下，学生获得知识与技能的过程和具体做法，包括让学生了解相关知识形成，掌握和获取相关知识的过程与方法，即让学生了解知识的来源、规律、特点等，关注学习的过程、方式、手段、途径等，掌握相关的策略。过程与方法目标是学习过程中的目标，所以，又叫程序性目标，其最显著的特征是亲身体验。关注过程与方法目标，由片面强调学习结果变为强调学习过程，关注学生在学习过程中的积极体验和对学习方法的掌握与内化，这要求教师不仅要强调学生知识的把握，关注学生能力的发展，更要聚焦学生对学习方法的主动探究，创设有利于学生体验和感受的学习过程。

设计三维目标要注重有机整合。三维课程目标不是三个独立的目标，而是一个问题的三个方面、三个维度，它们分别从不同侧面解析总体目标，是一个相互联系、相互渗透的统一整体。情感态度与价值观是核心，知识与技能是基础和载体，过程与方法是策略和途径。知识与技能须在学习过程中、科学方法指导下得到落实，在学习知识过程中，感悟方法，获得情感态度与价值观。

3. 教学目标的要素表述要求

教学目标的表述应当是明确、具体的，可供观察和测量的，规范的课堂教学目标在表述上应该包含行为主体、行为动词、行为条件和表现程度四个要素。对这四个要素进行表述时，要注意以下几方面：

（1）行为主体要明确。教学目标指的是学生的学习结果，而不是教师在教学过程中做什么、怎么做。因此，教学目标中的行为主体是学生，判断教学有没有实效的直接依据是看学生有没有取得具体的进步。在设立教学目标时，必须以学生的"学"作为出发点。

（2）行为动词必须是可测量、可评价的。教学目标的表述应该避免使用模糊、笼统的行为动词，如了解、理解、掌握等，笼统的表述会使学生不理解。应尽量使用说出、感受、回忆、解释、区分、归纳、比较等可以直接观察和测量的外显行为动词。用可测量、可评价的行为动词表述的教学目标，才能更充分地发挥教学目标的调控和评价功能。

（3）行为条件须清晰界定。在描述教学目标时，须具体说明在何种条件下需要达到的学习程度和结果。

（4）表现程度呈底线。表现程度呈底线是指学生经过学习之后发生的行为改变的最低表现水平，用来衡量学习表现或结果达到的程度。

教学目标是教学设计的"方向标"，在解读教材、设计教学的时候，应在把握好整个课程目标的基础上，结合学生的实际情况来设置教学目标。每节课的教学目标应尽可能根据本校和本班学生的实际情况设计，符合认知的阶段性和学生的可接受性，做到清晰、明确、具体、可操作。只有目标定位准确了，每个教学环节的阶段目标才会清晰、明朗，才能增强教学的实效性。

在教学实施过程中，教学目标也不能一成不变。教师在组织教学活动时，要留意每个学生在活动中的表现，关注教学过程中生成的问题，根据教学的进展和学生的实际状况调整目标。教学活动结束后，教师还应结合学生的反馈和作业完成情况检验目标的实现情况，深入反思以便改进和完善教学。

总之，道德与法治课程教学目标的确定既要从课程目标、内容目标、行为目标出发，又必须紧紧围绕地区实际、学校实际、学生实际，这样才能设计出符合学生发展要求的切实目标。

三、道德与法治课程的教学原则

（一）教学原则的含义及确立的依据

1. 教学原则的含义

教学原则是依据教育教学目的，遵循教学规律而制定的指导教学工作的基本原理。从长期的教学实践中总结出来的教学原则，是对教学过程的基本要求。这些要求贯穿教学过程的方方面面和各个环节，是教师有效开展教学活动，组织教学内容、选取教学方法和教学手段、设计教学组织形式，成功实现教学目标必须遵守的准则。教学原则以学生发展为根本方向，反映了人们对教学活动特点和规律的认识。它的正确和灵活运用，是提高教学质量的重要保证。

2. 教学原则确立的依据

（1）教学规律。教学规律是教学发展过程中本质的、必然的、稳定的联系，它客观存在并支配着教学活动。教师在设计、组织、实施教学活动时，须自觉认识和尊重教学的客观规律。小学教学规律由传授知识和思想道德教育相统一，间接经验与直接经验相结合，掌握知识和发展智力相统一，教师主导作用与学生主体作用相统一。教学原则的确立都是建立在人们对教学规律深入认识的基础上的。只有认识、把握和遵循这些规律，才能处理好教学中的各种矛盾关系，使教学达到预期的目的，获得成功。

（2）教育目的。教学活动要为社会培养人才的总目标服务，确立教学原则除了认识和把握教学规律外，还应符合社会的教育方针和教育目的要求。教学原则只有与国家的教育目的相一致，才可能指导好教学工作。我国的教育方针是坚持教育为社会主义现代化建设服务、为人民服务，把立德树人作为教育的根本任务，全面实施素质教育，培养德智体美全面发展的社会主义建设者和接班人，努力办好人民满意的教育，其中，明确规定了我国的教育目的是培养德智体美全面发展的社会主义建设者和接班人。为了达到这一目的，各级各类学校教学都应贯彻和坚持科学性与教育性相结合的原则，育人先育德，把思想道德教育融入各课程的教学中，落实立德树人这一教育的根本任务。

（3）受教育者身心发展的规律。学生是教学活动的主体，只有契合学生身心发展规律和年龄特征的教学活动才可能得到学生的欢迎和认可。小学生的思维发展是由具体形象思维向抽象逻辑思维过渡，但他们的抽象逻辑思维在很大程度上仍具有具体形象性；在学习过程中，他们既可以直接感知客观事物，也可以通过亲身实践获得感性体验；小学生的个体发展都会经历某些基本的共同阶段，但在发展速度、发展的优势领域方面及最终能达到的水平上往往因人而异，具有个体差异。只有依据学生的身心发展的规律和个性特征确立的教学原则，才可能使教学活动达到培养人的目的。

3. 我国小学的教学原则

我国小学的教学原则是根据小学教育教学目的，反映小学教学规律，用以指导小学教学工作的基本准则。结合道德与法治课程的教学，具体包括以下原则：

（1）科学性与教育性相结合的原则。科学性与教育性相结合的原则，是指既要把课程的基础知识和基本技能传授给学生，使学生形成严谨的科学态度，又要结合课程内在的德育因素，对学生进行思想政治教育和道德品质教育，使知识教学与思想教育有机统一，是对课程思政要求的充分体现和贯彻落实。教学实施过程中，教师在确保教学科学性的同时，充分发掘教学内容、教学情境和过程生成中蕴含的教育性因素，以科学文化知识的传授为基础，以培养具有良好的思想道德素质、全面发展的人为最终目的，完成教书育人的使命。

（2）直观性原则。直观性原则是指在教学活动中，基于小学生的认知特征和思维特点，运用多样的直观教具演示同教师语言的形象描述、讲解相结合，充分调动学生的多种感官和已有的经验，通过各种形式的直观感知和体验，引导学生形成清晰的表象，获得形象生动的感性认知，以便正确理解和系统掌握所学知识。

（3）启发性原则。启发性原则是指在教学过程中突出学生的主体地位，引导他们独立思考、主动参与、积极探索，注意调动学生学习的主动性、积极性和创造性，提高其具体分析和解决问题的能力。启发性原则突出强调了"先学后教""学为主体""以学论教"这一宗旨。在教学中，发扬教学民主，创设问题情境，充分调动学生学习的主动性，让学生积极参与、动手动脑，启发学生独立思考、自主建构，在学生遇到困难时，再予以帮助，因势利导，培养和发展学生的逻辑思维能力和独立分析、解决问题的能力。

（4）因材施教原则。因材施教原则是指教师在教学中，面向全体学生，依据课程标准对教学做出统一要求的同时，结合学生的个体差异和实际情况，有针对性地进行个性化、有区别的教学，使每个学生都能扬长补短，在原有基础上获得最佳发展。在教学中，应重视学生不同的年龄特征、知识经验、学习能力、思维方式和具体的行为表现，根据每个学生发展的个性特点，选择多样化的教学内容和方法，提出不同层次的要求，改变教学进度，有针对性地进行教学，满足不同学生的需要。

（二）道德与法治课程教学过程中的具体原则

道德与法治课程以学生良好品德形成为核心，以促进学生社会性发展为重点。培养身心健康、适应社会发展的人是本课程教学的根本任务。把小学教学原则与本课程特点结合起来，以人为本，从育人的高度设计每一节课，根据学生的年龄特点和认知发展规律确定和选择教学内容、教学方式和教学活动，做到以学定教，提高课程教学的针对性和亲和力，实现"立德树人"的根本任务，提高德育的实效性。在教学过程中，应遵循以下具体原则：

1. 生活性原则

生活性原则是指教学要以学生的现实生活为载体，创设生活化的学习情境，关注学生的生活体验，使教学内容和方法回归生活实际，在学生逐渐扩展的生活经验基础上，为学生创设认识和解决现实问题的广阔空间，促进学生健康发展。

道德与法治作为一门建立在学生生活基础上的课程，课堂教学应以学生的现实生活为主要源泉，密切联系学生生活经验，以学生生活体验和现实问题为切入点，唤起学生对生活的回忆，循序渐进，科学设计教学内容，指导学生的生活行为，增强教学的吸引力和感染力。

学生的生活是最真实、丰富、有益的学习资源。品德与生活是统一的。学生品德的形成源自他们对生活的体验、认知、感悟和升华。在生活中学生经历了许多品德事件，形成了各种日常品德认知，感受过各种品德评价带来的情感体验。当品德知识进入学生的意识，学生往往会从已知的体验中找出与之匹配的事件、观念和情感。如果匹配成功，就被学生理解、接受；反之，将被抵触和排斥。教育只有和学生的体验实现对接，才能让学生感受到教育不是一种外来的强迫，而是一种自身的需要，促使学生对品德教育的认同，实现品德由内而外的自主建构。可见，教学能否激活学生的经验，是知识实现顺利同化的关键。

对学生来说，只有与他们的真实生活有密切联系的学习，才是最有意义的。脱离了现实生活，道德只能成为抽象的原则和僵死的教条。因此，道德与法治教学要重视生活对于学生的意义，关注学生当下的生活意义和价值。教师需要了解学生对生活的感受，掌握他们已有的生活经验，选取学生生活中真实可信的生动事例，贴近学生的生活，反映学生的需要，使课堂充满学生的生活气息，让学生从自己的生活出发，用自己的眼睛观察社会，用自己的心灵感受世界。通过参加与自身生活有关的，看得见、摸得着的教学活动来引发学生内心深处的、非表面的道德情感，以及真实的、非虚假的道德认识和体验，使学生领悟到在实际生活中应该怎么做，把在课堂里接受的教化转化为生活中的实际行动。

生活性原则要求道德与法治课程教学必须贴近学生生活，从学生成长实际和生活需要出发，有针对性地组织教学资源，设计教学活动，选择教学方式，创设生活化情境，开展生活化活动。在具体的教学过程中，要杜绝脱离学生生活实际的说教式教学。道德与法治课堂不能仅是品德观念的灌输和品德知识的传授，而应融入学生的生活世界，考虑到不同学生的认知差异，根据学生已有的经验设计教学。教学中每一个学习活动都不应抽象地呈现，而应借助一定的生活事件使之情境化。设计以学生为主角的生活事件，才能唤起学生的真情实感和参与活动、探究互动的渴望，激发学生学习的积极性。

此外，道德与法治教学不能仅仅停留在认知和情感层面，还应在立足学生生活的基础上，注重反思生活，超越生活，给予学生生活智慧的指导，这样才能真正对他们的生活产生影响。教学内容选择上必须满足学生的需要并能为他们所理解和接受，有助于解决他们的困惑和问题。

有意义的生活是学习道德的最佳途径，脱离了学生生活实际的品德教学只能使学生习得抽象化的品德条文；脱离了生活的品德培养，也就只能流于形式而毫无实效。只有在生活中，对学生生活真实情景的再现、提炼和升华，通过师生、生生的互动，引导学生进行体验，触动学生的心灵，激发学生的道德情感，将道德情感和道德认知联系起来，形成相应的道德行为，才能提高课堂教学的生动性、参与度和实效性。

2. 综合性原则

道德与法治是一门综合性的课程，教学内容来自不同学科、领域，课程将思想品德、行为习惯和法治教育，国情、历史和文化教育，地理和自然、环境教育，生命与安全教育等有机融合；课程还把社会环境、社会生活、社会关系等主要因素融于个人、家庭、学校、社会、国家、世界六个领域中，综合交叉。针对道德与法治的课程特点，在教学中应遵循综合性原则。

学生的生活是一个多样、综合的统一体，教学呈现给学生的世界要尽量是学生所看、所闻、所感的世界，而不应是按照成人的思维方式分割的、学科化的世界。因此，教学内容应努力实现相关学科（道德、法治、社会、文化、历史、地理、政治、心理健康等）和相关领域（个人、家庭、学校、社会、国家、世界）的整合与融合。但是，它不是多种学科和领域的简单叠加，而是以学生的生活为基础，打破原有的学科知识体系，围绕学生生活范围，螺旋上升，重新建构的新的综合内容体系。

道德与法治是一门德育课程，中国的德育概念不仅指道德教育，还包括思想教育、礼仪教育、心理教育、法律教育等。因此，道德与法治教学应以生活为逻辑整合各种教育内容，使学生通过综合性教学内容的学习来还原完整的生活；教学活动应体现学生生活经验、知识学习与社会参与的融合，学生通过学习，学到的不仅是品德或其他方面的知识，而是一种生活的智慧，形成较完整的人格。

除了内容的综合性，道德与法治课程还具有多元的课程价值和目标，关注学生全面、和谐的发展，强调知与行的统一。教学目的绝不仅仅是知识的获得、间接经验的掌握，其主导价值在于促进学生国民素养培育和社会性的健康发展。因此，在具体的课堂教学中，教学内容的选择、活动的设计都不同于法律课、地理课、历史课和社会常识课，而应突出其德育功能，在不偏离品德教育这条主线的基调上，实现三维目标的有机统一。

道德与法治课程教学不追求思想品德教学科目或道德规范知识的严密体系，而应以学生的经验为起点，从学生生活出发，在对学生进行生活教育的同时融入品德教育、法治教育，引导学生过有理想追求、有良好道德和法治素养的生活，将个人的成长融入家国情感和对社会的责任担当之中。

3. *活动性原则*

活动性原则是指课堂教学以丰富多彩的活动为主要形式，让学生在教师的引导下，积极参与各种有意义的真实的活动以培养其道德情感，形成正确的价值判断和良好的行为习惯。

道德与法治是一门活动型的课程，教学目标需要通过教师指导学生直接参与的主题活动、游戏和其他实践活动来实现。教学过程不能是单一书本知识的传递和接受，而应把活动作为教与学的基本形式，使活动成为教师教与学生学的中介，成为实现教学目标的有效载体。

热衷活动是学生的天性。学生在教师指导下直接、主动参与各种游戏、活动，既遵循了课程的要求，又强调了学生身心发展的特点，将课程特点和学生需求有机结合起来，使学生在活动参与中实现感知、体验和构建，显然是适合学生的教学原则。

学生有动脑思考、表达自己内心想法的强烈内驱力，而让这种内驱力释放并起作用，需要教师创设具体的情境，设计多样的活动过程，引导学生主动参与、自主活动，以探索、调查、讨论、游戏、制作等形式，让学生在活动中去看、去听、去发现、去探究，激发学生的思维，升华情感，形成内化的道德品质。

对学生来说，只有亲身经历实践和体验的才会印象深刻，终生难忘。品德的形成与学生对生活的体验、认识和感悟紧密相连，教师的讲解不可能代替学生的主观感受，每个人的情感态度与价值观选择，都是在个人成长实践过程中，通过自己模仿、尝试和践行逐步习得的。道德与法治课堂显然需要改变那种直接或间接呈现道德知识和道德结论的传统做法，应从学生成长中所遇到的道德问题出发，用情境或活动来呈现道德，设计一个个有感觉、能触摸的话题和活动，使道德从真实的社会生活中呈现出来，创设有利于学生尝试选择和参与体验的机会，激发他们学习道德的愿望，让学生在积极参与的实践活动中体验、感受和辨析，在体验中认识社会生活，在参与中发展自我，实现道德情感的依从、认同和内化，使学习从认知扩展到情感、心理和人格等领域，帮助学生完成自主学习，在实现知识增长的同时，更促进了学生身心和人格的健全与发展。

基于此，进行教学活动的设计时，要保证活动的主题和内容是适合学生的，是他们能够理解的，能够唤醒他们已有的经验，实现学生已有经验的利用、丰富和提升，使原有的道德生活经验进入学生的学习过程，作为他们自主学习、自主探索的资源存在，激发他们自己去探索、悟出结论，激发他们去追求更好的生活和更好的自我。一切教学活动都应以学生为基点，从学生的视角出发，摸准学生内心的困惑和认识的难点，做出契合学生认知水平的安排。只有这样，才能使教学活动的难易度恰当，使活动真正成为学生的内需。然后，采用学生喜欢的、生动活泼的方式，使学生用观察、采访、调查、实验、探索、讨论、游戏等多种形式去体验生活，帮助他们认识和解决现实生活中的问题，使学习的过程成为道德成长的有效过程。

在活动中，教师应尊重和按照学生的认识、情感、兴趣、经验和需要，及时给予解答和关怀，引导学生增进认识、稳定情绪、端正行为、改善关系、树立信心、积极进取，使学生积极、主动地进行求知和做人的探究活动。学生在活动参与中，会下意识地将以往生活中自己或他人的不文明行为裹挟进来，进行反思，以思导行，进而规范自己的行为。教师的作用主要体现在创造活动的条件和机会，与学生共同活动来支持、引导学生学习，使学生通过动手动脑、参加活动，而非被动听讲来学习。

教学活动在形式上可根据具体的教学目标、内容、资源、硬件条件、学生情况的不同，选择不同的活动类型。一节课的教学可以是一个或几个活动，采用个体、小组、集体等多种活动形式，让全班每一个学生都动起来，不使一个学生游离于活动之外；活动参与过程中是全体学生积极、主动地参与。通过玩、唱、画、演、做等多种活动手段开展教学，尊重和发展学生的主体意识和能动精神，真正让学生成为学习的主人。

4. 开放性原则

开放性原则是指教学以学生的现实生活为依托，拓展课程的教育空间，展现课程内容、形式、资源、时间、空间的开放性特征，使课堂教学面向学生的整个生活世界。

道德与法治课程的教学时空不局限于课堂和学校，教师应将本课程的教学与相关学科以及班队活动、学校德育活动、社区活动、社会重大事件等紧密结合，从中捕捉、挖掘鲜活的素材，调动学生在课外学习和活动中获得的知识和经验，充实课程的教学过程。同时，将课内学习延伸至其他学科的学习或校内外其他活动中，提高教学的实效性。时代是不断变化的，价值观念和道德标准也随之在不断地发生变化。教师应关注社会和时代的发展与变化，以开放的思维与视野进行教学设计，重视教学与学生的生活实际相结合，充分利用一切可以利用和挖掘的资源，使教学具有强烈的时代感和针对性，真正实现课堂教学的实效性。

（1）教学内容是开放的。所有源于教材或生活实际的，学生感兴趣、对学生有意义的题材，教师都可以拿来运用于教学中。根据教学的需要，教师可对教学素材进行灵活选择、开发和整合，而不能仅仅固守着给定的教材。一般教材都只能从普遍性的经验出发进行设计，不可能兼顾到每一个学生独有的生活经验。为了解决这一问题，在教学时可充分利用好教材中的留白、主持人问题和省略号的设计，有意识地捕捉和获取学生现实生活的相关现象、困惑和问题，以此为契机，引导学生关注自己生活中遇到的真实、个性化的问题。因此，在教学中如果一个学习活动是以范例作为引子，那么在这个范例后面，一定要留有让学生结合自身经验的时间和空间，培养学生自主、合作、探究的学习方式。

（2）教学渠道和学习空间是开放的。道德与法治课程具有很强的实践性，强调生活体验和社会实践，教学活动不只限于课堂内四十分钟，还应延伸到课外，从课堂学习拓展到学生的学校、家庭和社会生活。道德培育不可能仅仅依靠课堂内的教育，更重要的在于有针对性地引导学生去践行，指导学生将课堂所学运用到自己的现实生活中，规范自己的言谈举止，改变自己的生活方式，解决实际生活中的问题。

（3）教学评价的开放性。德育的教学评价不能仅关注学生每堂课的学习结果，而应更重视学习的过程表现和日常行为习惯的养成。良好的行为习惯不可能一朝一夕养成，在养成习惯的过程中，还往往会出现反复。这时，教师日常的督促和提醒就显得非常重要。通过持续常态化的督促检查，让学生在生活中养成良好的习惯。

（4）教学资源的开放性。教师可充分挖掘社会、学校及家庭中的资源，家长和社会人士是可开发的课程人力资源，他们的人际交往、职业背景、社会阅历能使课堂变得鲜活、形象、有温度；校内外的各种活动和环境是可利用的课程环境资源，升旗仪式、班队活动、运动会、假期出游、节日庆祝等活动能使教学变得生动、具体、有广度；各种国内外、地区新闻和社会热点是可利用的课程内容资源，使课堂变得合时宜、顺形势，实现教学从师生活动向家长、社会各界人士共同参与的活动转变，提高品德教学的亲和力和针对性。

只有课堂教育与课外养成相结合，课内活动与课前调查、课后践行相结合，教材的引领与发挥家庭、社会的作用相结合，把学生在搜集、观察、调查、比较、讨论、游戏中获得的与自己成长相关的信息、资源、经验充分整合到教学活动中，才能使学生多角度、全过程地在自我体验、感悟和实践中享受道德生成的快乐。

第三节　新课标下小学道德与法治的课程内容

一、道德与法治课程内容的变化

（一）强化立德树人的育人目标

新课标强调发挥道德与法治课程立德树人的价值，发展素质教育。

第一，道德与法治课程内容坚持德育为先，强调课程的思想性。道德与法治课程对学生树立正确的是非观、世界观、人生观、价值观，起着十分重要的作用。新课标提出要在多维共育理念的指导下培养学生形成适应未来发展的正确价值观、必备品格和关键能力，引导学生明确人生发展方向，成长成为德智体美劳全面发展的社会主义建设者和接班人。

第二，道德与法治课程内容具有丰富的文化底蕴，关注学生成长和发展。新课标的道德与法治课程内容融入了道德、法律、国情等内容，这些内容富含深厚的文化底蕴，能为学生身心健康成长夯实基础，是培养学生国家认同和社会担当精神的重要载体。

（二）突出核心素养的培养导向

新课标体现了国家意志以及国家对道德与法治课教学的要求，是指导课程内容建设的纲领性文件。道德与法治课程是课改新阶段在义务教育中面世的一门德育课程，是由原来的义务教育"品德与生活""品德与社会"和"思想品德"三门课程改革合并而形成的新课程。

新课标的道德与法治课程内容基于核心素养发展要求，遴选重要观念、主题内容和基础知识设计内容。一方面，新课标的道德与法治课程内容以核心素养培育为导向，设计课程内容，强化了素养导向的学科内容观，遵循学生成长和认知规律，凝练了与学生认知水平相适应的核心素养体系；另一方面，新课标下道德与法治课程中的内容要求与核心素养培育相对应。具体的内容要求与核心素养培育是一对多的关系，并按照学生学段特征有机展开，形成以学科核心素养培育为核心，其他素养并育的内容观。如内容要求学生学习合理消费、勤俭节约的途径和方法，明白劳动创造财富的道理，以道德修养为核心素养培育要求，同时，也包括了金融素养教育和劳动教育。

二、道德与法治课程内容的特征

（一）立足时代性

新课标的内容突出体现了新时代对道德与法治课教学的要求。道德与法治课程内容立足于时代的变化和发展，突出对时政资源的运用。随着信息化社会的迅速发展，学生的生活和学习方式发生了极大变化，新课标的课程内容应该紧跟时代的变化与发展，反映时代教育特征和国家对人才的培养要求，进一步精选和补充切合时代发展和适切学生成长的时政资源来辅助课堂教学，突显课程内容的时代性和适切性。同时，严格落实教育部发布的一系列文件要求，如 2021 年教育部印发的《中华优秀传统文化进中小学课程教材指南》《革命传统进中小学课程教材指南》等都在新课标的课程内容中有所体现。这使得新课标的修订更具时代意义，更有利于加快教育现代化进程，发展学生核心素养，培育新时代担当民族复兴大任的时代新人。

（二）把握整体性

第一，各学段内容呈现整体化的设计思路。各学段具体的教育主题内容依据不同学段学生特点进行了调整，总体上保证了课程内容的统一性和完整性。

第二，新课标的课程内容中各要素之间呈现整体协同进阶的理念。课程内容由学习主题、内容要求、教学提示和学业要求构成，这四个要素之间相互关联，形成了由"学什么"到"怎么学"再到"学习效果如何"的进阶式教学模式。

第三，新课标的课程内容与其他内容之间呈现整体性的结构体系。新课标的课程内容与课程性质、课程理念、课程目标、学业质量、课程实施等部分之间是相互连通的统一整体，共同构成了完整的课程标准体系。课程内容以课程性质为主要导向展开，遵循课程理念的建构要求，以课程目标为依据进行内容修订和完善，以学习质量为衡量课程内容对促进学生学业发展的具体标准，各个部分遵循整体协同推进的思路，旨在提高道德与法治课程的实效性。

（三）强调实践性

新课标的课程内容强调通过引导学生经历真实的情境和典型的实践活动，深化学生对学习内容的认知和理解，培养学生深度思维能力，帮助学生打牢思想基础并提升学生的道德情感。

一方面，课程内容在教学提示部分突显实践性。教学提示围绕身心适应、学习适应、生活适应和社会适应等设置实践活动，安排实践任务，遵循"议题+观点+活动"的模式，使教学成为"活水"润泽学生的生活实践。活动化教学的设计理念，使课程内容动静结合，帮助学生更好地理解学习内容。

另一方面，课程内容在呈现形式上强调实践性。新课标的课程内容设计了贴近学生真实生活的活动化、生活化、游戏化的教学呈现形式，形成一个立体的、动态化的课程内容实施路径。课程内容以活动为载体设计情境、任务和问题，将知识学习与学生的生活实践联系起来，使课程内容具有很强的实践性。

三、道德与法治课程内容的使用建议

（一）整合相关主题，增强学生实践体验

教师使用课程内容要把握好"学习主题"栏目，有机整合相关主题，明确其设计依据和具体内容。新课标学习主题是依据学科特征和各学段学生身心发展特征设计的，体现育人方向，包括生命安全与健康教育、法治教育、中华优秀传统文化教育、革命传统教育、国情教育五方面。教师要坚持理论逻辑和实践逻辑相统一、课内与课外相结合的原则，增强学生的实践体验，加深学生对主题内容的理解和认识；应针对学习主题寻找关键内容，设计贴近学生生活实践的情境和活动，关注现实问题，引导学生在实践体验中发现问题、分析问题和解决问题；学生将学到的知识与主题学习活动结合起来，推动学生由思维实践到生活实践的转化，促进学生对知识的内化和认识的深化。

此外，教师还可以将相关学科知识相融通，帮助学生更好地理解学习主题，拓宽知识视野。活动的开展可采用参观访问、现场观摩、志愿服务、生产劳动、研学旅行等方式进行，增强学习主题的实践性。

（二）明确内容要求，选用科学教学方法

内容要求是学习主题的具体化，对学习主题的实施和课堂教学方法的选择具有重要的促进作用，有利于教学目标的实现。在课堂教学过程中，教师应深入理解内容要求，透彻把握教材内容，将内容要求的条目与教材的相关知识点结合起来，科学选择课堂教学方法，加深学生对知识的认识和理解，培养学生的健全人格。

（三）善用教学提示，增强内容针对性

教学提示在新课标的课程内容中以右栏的形式出现，主要介绍学生围绕什么样的主题，学生应经历什么样的学习过程和实践活动。教学提示为教师教学提供了"怎样教"的

指导，提出了可供教师选择和参考的具体的教学设计思路。新课标关于教学提示的使用，要求教师以"议题+观点+活动"的方式进行，引导学生在实践活动中体验，实现思维的进阶和提升。教学提示与内容要求两个部分彼此呼应，以"议题"为呈现形式，既为教师具体内容的讲授提供了辅教条件，又为学生开展相关内容的学习提供了辅学条件。在教学提示运用的过程中，教师要结合生活和社会具体活动或情境确定议题，选择结合贴近学生的、真实的生活情境，开展系列化的教学活动，引导学生关注真实问题，解决真实问题，从而将抽象的学科知识学习转化为直接经验的获得。

（四）落实学业要求，创新内容设计

学业要求在课程内容中每一学段部分的末尾处，是学生经过本学段学习之后，期望达到的目标水平，主要表征为学生学到什么程度。学业要求对课程目标的实现具有重要影响。在教学过程中，教师应深入理解学业要求，结合教材的相关内容，落实核心素养的培育。在教学过程中，教师可以运用案例分析、情境演练等方法创新课程内容设计，强化学业要求与核心素养培养的联系，提升学生的生命安全意识，培养学生珍惜生命、树立安全意识的积极心理品质。

第二章　小学道德与法治的课程资源

道德与法治课程立足于发展学生核心素养，以引导学生学习和掌握道德与法律的基本规范，提升思想政治素质、道德修养、法治素养和人格修养为主旨。道德与法治学科是小学阶段的综合性课程，是德育教育与法治教育的创造性融合，其课程资源的开发与应用会直接影响到教学的综合质量。

第一节　小学道德与法治教材的全面解读

"为了更好地顺应国家对于人才的需求趋势，小学道德与法治的课程，务必对教材进行深度梳理并加以拓展，以此来丰富课程内容，并且为学生呈现出高质量的课程体验。"[①]

一、教材的课题特征

《道德与法治》这套教材在总体架构、单元主题以及内容呈现等方面都有所创新，其中之一就是贴近学生生命成长需求的学习活动设计。这个设计突破了以往传统德育课程的灌输、讲授架构，达到了教与学之间的交互共存，为学生生命的投入提供了条件。既形成了基于学生生活实践的道德教学模式，又为教学者的教与学生的学提供了桥梁。

（一）教材的显性特征

1. 课程正文：学习课程的有机组合

课本，特别是德育课本，一般是有正文的。一般德育课本的正文为思想阐述。常见的正文为课文开篇亮明一个总观点，接着由多个总观点展开阐述，结尾则为概括说明。这样的正文，反映的是信息矛盾、论证逻辑、劝说矛盾等。但如此的逻辑，把知识逻辑、教育矛盾等排除在外，不仅招学生反感，而且背离了课本的教育性质。课程的正文是课程内容的有机组成部分，为课程编写过程重新定义、设计了正文的作用。

---

①陈少瑜．小学道德与法治课程的教材拓展策略［J］．试题与研究，2023（03）：152.

2. 栏目丰富，指向鲜明

教材设置的栏目十分丰富，如"活动园""交流园""阅读角""故事屋"等，各栏目指向鲜明，各具功能，相得益彰。

（1）活动园。活动园是主导性的栏目，数量、种类最多，为了节省版面，诸多本来属于活动园这一栏的设计，直接和正文联系在一起，不再用活动园这一栏来标志。归在活动园栏目下的教学活动，既包含了教学班内的现场组织教学活动，又包含了课外社会学习活动。班级里的现场教学活动，既应该是组织、全校性质的群众教学活动，又应该是直接指向于个人的个体教学活动。指出人类个体的社会活动，既可能是身体外化的、动手的活动，也可能是内心的静默、反省社会活动。

（2）交流园。交流园既包含实践、思想沟通和思想分享互动，又包含思想活动。参与其中，对于同一个课题，不同的人有不同的体会，每个人奉献出自己的体会，就能分享别人的体会，在别人的体会中得到启迪。对有争论的问题，因为大家态度、看法不同，双方才能展开探讨、争辩，以小组讨论、辩论会的方式进行。

交流园与活动园有交叉的关系问题。知识、见解、方法的共享和交换，或者是思想的探讨和争论，实际上也是一次知识运动。交流园也可归在活动园之下。将交流园与活动园区分开来，是因为交流园里的活动主要是借助话语进行，而活动园里的活动虽然也要通过语言进行，但还须有其他感官的参与。

（3）阅读栏目。课程中还设计了"读书角""童话故事屋""美文赏析"等专栏，这些都属于阅读栏目。阅读角是知识的拓展和延伸，让学生在独立阅读中去体悟、反思，增加对所学内容的理解与拓展，所起到的作用也是不容忽视的。阅读角选择的书籍材料种类相当多，要么是来自同龄人的小说，要么是非常适合学生读的寓言、童话故事，要么是有哲理性的文字，或者是突出主题及核心观点的拓展性内容。

读书本来是一个项目，读书节目又是一个项目的内容。自己的经历、际遇和命运，可借助读书角走进课堂；而人们思想文化的成果、通俗易懂的生活哲理，则是人们对现场体验、社区学习生活、班级活动的启发或升华；而人们情感经验中的精华，则能够和他们的情感经历彼此印证、共振。

（4）资料性栏目。课本中的"知识点窗""关联连接""小贴士"都是材料性项目，它们共性的目标是学习的帮助。知识点窗是知识点性内容的拓展；相关链接是与学习有关的活动、实际的展现，目的就是为学生的学习活动提出参照、实例和总结；小贴士主要是对学习与探究活动中注意事项的建议，特别是方法与安全等方面的指导建议。如教科书中的许多研究类项目，与调查项目的小贴士便是研究方面的建议与安全事件的警示。

（二）教材的隐性特征

1. 与生存逻辑和认识逻辑相统一

教育是为学生们现在的生存做准备，而并非为将来的生存做准备。所以，良好的家教是从日常生活读书、从经验中学习。家教是要为学生创造保证生命或丰富生命的环境。

任何教育活动都不能脱离真实的生活，德育课程更是如此。因此，《道德与法治》的课程在知识呈现方面，注意贴合学生实际，反映学生生活。

课程的编写目的是沿着学习者已有的生活，并启发反思，在持续解决问题中增加价值认知、价值认同，最终达到价值践行的。教学者自始至终注重学生的语言逻辑和教学者的学习逻辑的和谐统一，从实际的人生环境中提高他们的道德能力，促进社会化发展。

2. 价值引领与生活实践相结合

关心学生的实际活动，不但要从他们的实际活动入手，还要重视知识性统一的培养。因为教学只能贯彻在学习者自身价值的转变中，才算是切实增强的有效性。这套课程非常重视通过对学习者的价值启发，改变学习者自身的方式，启发学生过更好的生活。

《道德与法治》教学内容的课题开发，主要按照"价值认知—价值选择—价值认同—价值实践"的逻辑序列，既适合小学生的价值认知特征，也适合品德课的教学规律。德育课程的教学，是"育德"的教学。育德的关键是要让学生实现价值认同，只有让学生认同了价值观点，他们才愿意去践行。道德践行是德育的难点，也是德育课程的落脚点。教材的编写，在很大程度上为学生的德育践行铺设了情感之路。

（三）教材的活动性特征

小学《道德与法治》课程是静态的文本教学，在教学者将知识点提供给学生后，教学者不但要充分考虑学生们对知识、能力的渴求，而且还要兼顾价值建构、知识逻辑、任务表现方法等。

1. 基于学生经验的活动设计

各种各样的教学活动，着眼点都在于对学生既有知识基础的唤醒、利用、加工、充实、提高。正是根据这一思想，《道德与法治》等教材利用活动园这一板块，安排了更加丰富的内容。这些基于学生经验和未来发展的活动设计，为学生的自主体验和探究创设了空间和路径。这样的教学活动设计使学生感觉不到预设的德育目标，而教育价值在教学活动中自然而然产生，取得了润物无声的德育效应。

教材整体设计处处体现出活动设计的理念。所以，有的教学者说新教材好教，就在于教材已经把学生学习的场域、问题以及活动都设计好了。教学者应更多地思考如何结合学情，设计班本化教学内容和学习策略。

教材每一课往往是以活动园的方式进行内容的导入和呈现的。活动园是贴近学生生活而创设的问题情境和活动场域，有些来自学生生活中已发生或正在发生的真实问题、真实事件；有些是存在于学生学习和生活中的普遍现象。以这样的方式切入，拉近了教材内容与学生生活之间的距离，更好地将教材的知识逻辑和学生的生活逻辑统一起来。历史和地理等单元，因为内容离学生生活较远，教材除了通过以贴近学生生活的真实案例、丰富的活动去切入外，还会在有些内容中连接过去和现在，拉近学生生活和所学内容的距离。

全套教材倡导的和共有的特点，就是用尽可能丰富多样、开放综合的内容和方式，引领学生在活动中去观察、思考、发现、体验、感悟，如讨论交流、故事分享、实验和行为指导等活动，帮助学生在活动中体验和感悟。

2. 聚焦真问题的活动引领

要想进一步增强学校德育课堂的有效性，不但要重视学生的实际生活，而且还要关注学校实际生活中的实际问题。唯有关注学校生活中的实际问题，德育教学才能对学校的发展真正具有实用价值。《道德与法治》教材也很注重对各种教学主题之下学生生活实际问题的探究，并由此创设课程，以启发学生课堂教学。

学生尚处在人生启蒙阶段，必须启发学生对社会价值做出识别、判断、辨别，进而实现人生形成。《道德与法治》将引领全国小学生，在更为宽广的时代背景和社会文化背景下，展开中华传统美德社会价值培养、价值观培养。

二、教材的整体理解

(一) 教材编写的主要依据

1. 以课程标准为导向

当前，中国正面临着伟大复兴的战略规划，而全世界也在进行着前所未有的大变化。我们新课标在设定的时候，必须以立德树人这个根本要求为主，去开展教育工作。同时，也要关注党和国家对当前社会主义现代化强国建设这个战略重大的问题的重视，在教育当中，在教育政策当中要给予充分体现，所以道德与法治这一门课程在进行新修订的时候，要特别强调新时代中国在进行社会主义思想教育与改革中的中心，即铸魂育人。真正去发挥教育中道德与法治这门课程的作用，落实立德树人这个思想任务的建设。在这一要求下，主要从以下方面开展具体的教育工作：

（1）落实了德育一体化的理念、思路和要求。新标准的建立是在义务教育的基础上进行的，它充分融合了以往品德与生活与社会以及思想品德这三个课程的标准而进行了更高一层次的融合，并且充分根据不同学段学生的要求进行了系列的、整体化的设计，在课程内容的选择上，以当前时代发展背为背景，突出了时代的创新性和政治性。重点去培养学生做人做事的道德与法治规则，同时，也反映出我们对传统文化的一个传承以及创新的过程，反映出当今社会向未来社会发展的一个新的要求。通过对国内外重大事件的关注，以及学生现实生活的观察等内容，进行综合性的整合，作为学习的核心内容进行讲述。

教学者在进行课程设计的时候，要以学生的自身发展能力为基础，去体现知识与法治的重要内涵，在教学方式的选择上，采取专题方式去安排教学内容。教学内容主要包括：①有关我国国情方面的教育；②有关学生思想道德品质方面的教育；③结合现实进行法治性的教育；④传承我国优秀的传统文化；⑤进行红色革命斗争传统文化的教育；⑥要求学生有生命安全和健康教育的意识；⑦对学生进行入学教育。由此可以发现，在道德与法治这门课程的设置中，以传统文化教育为底线，以革命传统和法治文化为基础，同时，融合了道德素养教育以及安全教育等，全面地培养了学生的综合素质。

此外，新课程标准也形成了有机统一的体系，针对不同学段的学生自身的特点和要求，进行课程性质、课程理念、核心素养、课程目标、课程内容的设置，以及教学质量的评价等各部分内容的一个整体串联。这样环环相扣，有助于道德与法治这门课程的顺利开展与实施。

（2）凝练了五方面的核心素养。培养学生的政治方面的认同感，培养学生道德文化素养、培养学生法制方面的观念、让学生有一个健全的人格发展以及培养学生的责任心意识感，这五方面就是核心素养，要培养的重点内容，以及当代学生所必须具备的基本素质。这五方面突出了义务教育阶段学生自身发展的本质特征，同时，又与道德与法治课程所要求的核心素养，形成一体化的衔接。道德与法治这门课程的设置，是根据立德树人的根本任务为基础，最终确立了教学的目标以及围绕核心素养所形成的课程内容的建设。

与此同时，新课标还对核心素养的评价进行了一个质量标准的设定，这样有助于促进教学方式的改进，帮助教学者在课堂上进行有针对性的活动设置，保证议题式教学的顺利开展。在教学评价的过程中，主要包含了对课程综合性的评价，以及对细节方面的一个评价。对整个课程的方方面面进行了综合性的评价，这样才能保证核心素养的教学能够有效实施，并在实施中不断地改进创新。

（3）实现了课程目标的综合性表述与分学段阐述的有机统一。在对核心素养课程目标进行描述的时候，新课标采用了不同的方法，即统摄性的概念方法。这些课程目标的设定，将核心素养在课程教学中进行细化和落实。让学生在学习了道德与法治这门课程之后，形成一个正确的对世界观，以及自身品格的建立，在此基础上，提升自己的个人能力。形成对知识与技能、过程与方法的掌握，以及情感态度价值观这三个维度的认知。

（4）强调内容的综合性和生活实践性。道德与法治这门课程具有综合性的特征，因此在新标准的课程设置方面，不管是内容方面，还是教学过程方面，以及后续的教学评价等方面，都要强化它的实践性以及与学生生活之间产生的关联性。因此，在核心素养的基础上进行教学方式设计的时候，一定要强化学科的实践性，教学者要多组织对综合性的主题板块进行学习。新课标在教学方面要把核心素养教育作为主要的导向，在教学过程中强化学生的实践教学，通过课程学习培养学生的综合知识面的提升。教学者在教学的过程中，要做到对不同学生有不同的教学方法，真正做到因材施教。在教学的过程中，真正落实并贯彻道德与法治这门课程中所提出的具体要求，将课程内容的设置与学生现实生活进行融合，将学生在生活中的逻辑思维以及教学中的思维培养进行融合，这样学生才能增强实践性，才能巩固理论知识。教学者也在这个过程中去启发学生能够做到独立自主、团队合作以及研究型学习，让学生在实践的过程中增强自身的感悟，从而实现核心素养的培养。教学者在进行教学的过程中，一定要把课堂主题与真实的生活情景进行融合，以此培养和考查学生解决现实问题的能力。完成对理论知识的综合性的运用，最终熟练地将知识、自身能力以及情感表达进行融合，做到知行合一。

总而言之，道德与法治这门课程与时代的发展紧密相连。随着社会的发展水平越来越高，这门课程也会出现各种各样的变化。课程标准的建立就是要在实践的基础上进行创新改革，这样才能和教学进行完美的融合，促进学生不断发展。

2. 依托青少年法治教育大纲

道德教育始终是小学道德与法治课程的核心，培养法治精神是本课程的重要目标。道德与法治课程紧扣《青少年法治教育大纲》，已形成完整全面的法制教学框架。

《道德与法治》教程在写作过程中，以社会主义核心价值观构建为主线，以法律教育为内容，以强化规范意识、程序意识、社会责任意识、信用意识等为重点，并明确了教学要求。以学生权利义务教育为基础，以增强教学有效性为目的，以形成体系全面的法治教学系统为根本途径，建构本课程体系。

（二）教材编写的基本理念

1. 道德与法治相互融合

关于伦理学和法制课程的变更，不少人觉得是单纯的课程版本的变化，并没有认识到其背后课程改革的价值取向。其实，教材更注重的是道德与法治的相互融合。

从我国历史发展的角度来看，良好的道德素质和法治素质是公民素质的核心内容。从整个社会和个人发展来看，具备更优秀的公民素质也是现代人的内在需求。当前，中国公民的道德素质与法学素质都亟须提升，因此，做好公民的道德教育和法学教育势在必行，而小学生阶段也就是中国公民的道德素质与法学素质整体提高的关键时期。在小学生阶段设立了道德和法制课堂，并把道德教育和法学教学加以融合，是符合未来社会发展需求的。

《道德与法治》教材的编写，凸显了道德与法治相互融合的理念，有利于促进公民素养的整体提升。在某种程度上，要想培育学生自觉的法律意识，就需要注重道德教育。这是因为，当道德与法治背后的精神共同时，道德教育才能促使人们自觉地遵纪守法。从道德价值层次上来看，凡是法规所防止和限制的性行为，就是道义所反感和斥责的性行为；而凡是法规所规定和确认的性行为，就是道义所提倡和赞扬的品行。因为道德价值是法学的内在理论基石，是法学正义得到保障和法学教育得以自觉遵守的基本条件，所以道德教育的深入开展有利于法学教学的开展，而法学教学的开展又能促进道德教育的深入发展。道德与法治的融合主要表现在以下几方面：

（1）对接学生的生存需要，激发他们的法律意识。比如，在教材中嵌入法律条文，让法治知识不再成为远离学生生命的法律条文，而是嵌入现实生活中的重要保障，从而让学生觉得法律可以帮助他们过上更好的生活。

（2）教材注重深层的、隐性的融合。在使学生了解法律对他们特别保护的同时，让学生懂得运用法治精神来保护自己的合法权利，从而培养起"法律红线不可碰"的意识。这种设计其实就是在法律教育中渗透了法治意识培养和法治精神教育。

（3）教材还注重启发学生过有道德、有智慧的生活。学生学习了法治专册教材之后，就会更懂得依法维权了，在生活中也会积极地借助法律解决问题。但在法律面前，尚有人情和道德的存在，选择有温度地去处理事情，未尝不是一种明智之举。

综上所述，正是《道德与法治》在课程编写中所突出的将道德和法律互相融通的宗旨，良好地实现了德法兼修的教学教育价值。

2. 以人为本，关注学生成长

教学者写作更加突出以人为本的教学思想，关注学生的生命和发展，关注学生发展中的各种困难，选择富有德育价值的人生案例作为构筑教材内容的基础。帮助他们回归自己，反省人生，建立自己的人生，这是教材编写的出发点。

用学生真实的生活场景代入，进而启发学生思考冲突为什么会发生、如何避免冲突发生等问题，引发学生产生共情，使学生乐于在真实场景中反思过往，不断改进，为建构未来更美好的生活打下基础。

3. 平等对话，陪伴引领

以同龄人的角度展示一个民主、公平、关心、启发的姿态，通过和他们交流，把教学任务隐藏在他们关心的问题后面，达到润物无声的育人效果，这是教材设计和建构的基本模型。

（三）教材内容编写的特点

1. 尊重学生生活

课程和教学都是对国家意志和教学目标的反映。《道德与法治》课程的整体设置上，把法律规定贯穿于教育品德中，将二者有机融合，力求达到法律规定的有效贯彻。

整个课程的设计思想是以学生日常生活为基础，顺着学生生活不断变化和发展的逻辑进行。课程的基本结构是针对各个阶段学生的心理发展，凝练出一定的主题，并形成彼此联系的主题域。

2. 尊重学生认知

教学者以活动问题的形式梳理、安排知识内容，根据话题设置知识点、营造情境，使知识学习有机渗透到学生不断扩大的生活范围、逐步建立的人际关系和逐步深入的实际生活之中，通过活动唤醒经验、反思生活，运用经验探究和解决问题，达到情感体验和行为参与的目的。

对刚入校的一年级小学生们来说，一个最重要的活动领域便是学校，而此时的重要事件便是新生命的开端。比如，书包就成了这一时期的学生生命中的一种重要标志；校园的铃声是学生日常生活中无形的指示；教室是学生校园生活空隙里最重要的活动场所；上学和课间是学生校园生活的重要内容和表现形式等。教学者按照学校的新生活发展的基本路线，并找到了这一路线上的经典事例，指导学生理解并认知新生活，从而逐步产生出亲近感，并在和新生活场域中的人进行交流和互动过程中发展。由此可以发现，教材所选取的生活场景，来源于学生当下的生活，是学生认知发展必须经历的生活遭遇，教材适应学生所需，选取了学生必须经历的生活事件，用这些事件把他们带回到自己的生活情境之中，去再现、反映他们在成长中体会到的美好与困惑，引发学生对生活的思考与感悟，进而引领学生过更好的生活。

3. 主题教育螺旋上升

小学的《道德与法治》课程根据小学生身心发育阶段特点和基本能力特征，联系他们的生活实践，以价值观引领教育贯穿始终，即"生活中的基本文明道德素养教学；法律意识与民主法制教学；爱国爱党精神教育和红色传承教学；中华优秀传统文化素质教育；热爱自然（生态伦理）素质教育；中国土地权利高等教育；开放的全球视角高等教育"这七大主题教育融入十二册教材、四十七个主题单元的内容中，由近及远，由浅入深，逐步启发学生正确认识和实践社会主义核心价值观，努力做到"内涵于心，外化于行"。

（1）主题教育突出核心价值观的引领与践行。《道德与法治》等课程的编写中，在原来的主体教学基础上，又增加了中华传统文化教学、我国革命传统教学、社会主义法制教学、我国权利意志教育、民族团结教育等主要教学内容，突出了核心价值观的引领。

第一，法治教育的内容和形式突出创新性。在法制教学方面，学校有机整合了法制知识点，着重培育学生法制意识，教学内容聚焦于法律，以增强系统性。在低年级强化规则养成教育中，各册课程结合相应教学内容分散嵌入，实现法制德育贯穿始终，全程不断线。

第二，中华优秀传统文化教育突出亲切感。中华优秀的文学，是有生命力的。教育者所做的工作正是把这些优秀的传统文化重新发掘起来，并经过由自在到自发的转变，以提升对学生理解的深度和掌握的速度，以提高他们对中华优秀传统文化的亲密性和认同感。同时，还从中华优秀的传统文化教育方面，重新设计了中国节庆文化、民歌谣曲、中华优良传统美德、中华民族文化、中国古代的伟大科技成就等知识点，以增强他们对中华优秀传统文化的亲切性和感受力，以引领他们体会自我发展过程和与中华优秀传统文化之间的联系，以提升文化自信心。

第三，爱国爱党革命传统教育突出实效性。在爱国爱党革命传统教学方面，要注意培养学生喜爱家乡的情感。因此，可以利用升国旗、唱国歌等日常生活细节，和中国社会经济发展成果来培养中小学的爱国主义情感；选择近现代及我国发展史上的主要人物形象和历史，并突出"井冈山奉献精神""长征精神""延安精神""西柏坡奉献精神""两弹一星奉献精神""载人航天奉献精神"等，培养中小学爱党、爱国、热衷社会主义事业的人格情感。

第四，社会主义核心价值观教育突出生活性。社会主义核心价值观并非抽象的概念，而是有生活基础、有生命力的。有了社会主义核心价值观的生活依据，家庭教育的有效性就可以有所保证。在此基础上，学校又根据具体的教学题材，涉及中华优秀传统文化、法制、国情等，通过从近到远，由浅入深，引领小学生理解和践行社会主义核心价值观，使人生观的养成达到"可见、可信、可感"。

（2）同一领域教学内容逐渐加深，主题教育螺旋上升。在全套教材内容中，不同年级的主题，是学生不同时期遇到的困惑，或者不同发展阶段中的问题。

三、教材的单元逻辑

从教学的角度来说，单元教学是从知识到素养的桥梁。基础单位是不可再解释的总体生活的组成部分，具备了总体生活所固有的全部基本特征。而核心素质是对人格品德和关键才能的总体描述，是对今天新公民时代的公民素质的最高总结。核心素质的下位是专业素质，再下位是教学单元设计，最下层则是课程计划。一线教学者必须通过这些环节，进行日常教育。

对教材单元的解读是实现课程育人目标与每节课教学目标的关键环节。对教材单元整体内容的理解程度直接影响到对教材中每个主题、每个话题的理解和把握。

（一）主题教育与单元设计相结合

从教学单元总体的设计出发，《道德与法治》教材是针对学生们成长中所出现的主要事件、问题，情感态度价值观的形成，社会技能和探究技能的发展而设计的，单元设计的背后指向一个个教育主题。

1. 单元是学生的行为所导向的话题域

《道德与法治》教材每册一般包括四个相对独立的单元主题，其内容符合学生年龄特点和认知需求，体现了学生化、生活化和法制化。这些单元主题在教材中具有非常重要的作用。

基于课程的教育特点，《道德与法治》课程框架改革了以往偏重于学习逻辑的课程模块框架，尝试将学习者的行为所指向的问题范围作为课程的基础框架。根据小学生所遇到的主要生活问题和需要处理的社会发展性问题，设计出较为集中的教育话题。而这种教育话题通常包含于各个学生方面的问题中，并采用各册较为集中的单元设计来完成。

2. 单元主题凸显教育的价值导向

单元作为我们教育活动所针对的问题范围，是指我们参加教育活动时的外在情境，其背后所要达到的目的是教育的价值导向。

《道德与法治》等教材的单元题目都有着很强烈的价值启发意识，而这些价值启发的给予并非生硬灌输，而是直接隐含在我们所必须探究的问题当中。

（二）单元框架设计的"经明纬暗"

1. 以生活为"经"的明线设计

教材的单元框架设计，即各册单元的逻辑安排，突出了以学生生活为主线的明线设计。具体表现在，其内容编排主要通过时间或空间线索交织呈现的各种事件和问题展开。这里的空间，主要指自我、家庭、校园、社会、国家和世界这六个范畴。

每册教材一般分为四个单元，这四个单元有时是一个主题，有时是多个主题；有些联系紧密，有些相对独立；也有些看似独立，但并非毫不相关，四个主题之间往往有一些承接或者铺垫。但每个单元分别为独立领域，按照学生生活的线索来设计编排。

2. 以学生内在发展为"纬"的暗线设计

教材的单元主题教育设计，突出了以学生内在发展为主线的暗线设计。具体表现在，每个单元相对集中的主题教育隐含于教材内容的设计中。其中的基础教育主要包括：①生活上的基本素养教学；②政治规则教学和民主法制教学；③爱国爱党精神教育和革命传统教学；④中华优良的传统文化教育；⑤热爱自然（生态伦理）高等教育；⑥中国土地主权高等教育；⑦开放性的全球思维文化。

第二节 小学道德与法治的显性课程资源

一、课程资源相关概念

（一）课程资源

课程资源是指进入学校教育情境中的学校课程的各种因素来源和实现条件的总和，是任何课程得以实现的前提和基础，客观地存在于课程的全过程。"课程资源是教师在课程教学中使用的从各种渠道获得的教学素材，是教学设计和实施的重要保证，也是增强学习效果、提高教学质量的重要载体。"[①]

根据课程资源的不同分类标准，可以将课程资源分为校内课程资源和校外课程资源，自然课程资源和社会课程资源，文字资源、实物资源、活动资源和信息化资源，显性课程资源和隐性课程资源。它具有多样性、潜在性、具体性和多质性的特点。

小学道德与法治课程资源是指在小学道德与法治课程设计、实施过程中可以利用的，能够真正进入道德与法治教育情境，并与教学活动紧密联系的资源，它包括课堂内外的教学资源、学校内外的社会资源等有助于提高小学生道德与法治素养的各种资源。小学道德与法治课程资源具有开放性、生活性、多样性、综合性等特点，开发与利用课程资源能够丰富教学内容，更好地促进小学生良好道德观念和法治意识的形成，从而提高教学实效性。

---

① 吴长华. 小学道德与法治课程资源开发与利用的策略探究 [J]. 新教师，2022（12）：62.

（二）显性课程资源相关概念

1. 显性课程

显性课程也叫显在课程、正规课程、官方课程，指的是为实现一定的教育目标而正式列入学校教学计划的各门学科以及有目的、有组织的课外活动，就是各门学科的知识体系，是文化传播的主体。学科课程分门别类地把不同领域的人类文化知识系统地组织起来，在学校教育中起着十分重要的作用，是课程结构的主体，是培养人才的主要依据。显性课程的表现形式更具直观性，在实施过程中具有明确的教育目标、周全的教育计划、详尽的教育步骤。

2. 显性课程与隐性课程的关系

（1）显性课程与隐性课程作为课程的下延概念，二者相互联系、相辅相成又相互区别，共同作用于日常教育教学活动中。二者之间的联系主要表现在以下几方面：

第一，作用对象相同。无论是隐性课程还是显性课程，其作用对象都是受教育者，都是为了促进受教育者知识与技能、情感态度与价值观的全面提升，使受教育者通过显性与隐性课程的学习，成为身心健康发展的人。

第二，进行开发都需要耗费大量的资源，需要投入大量时间、一定的经费保障、一定的物质支持。显性课程具有可见性，通常以实物资源的形式呈现。显性课程的实施过程具有组织计划性，因此，需要耗费一定的资源支撑显性课程的开展。而隐性课程的呈现形式更为隐蔽，开发难度更大，同样需要大量保障性资源作为支撑。比如，隐性课程的开发、利用等不仅需要工作者努力学习相关理论知识，熟练地用理论指导实践，而且还需要社会、学校的支持帮助。隐性课程作为显性课程的必要补充，具有巨大的教育价值。

因此，在注重显性课程研究的同时，也要加强隐性课程的研究与利用。显性课程与隐性课程相互联系、密不可分，共同为教育事业的发展壮大服务。

（2）二者之间的区别主要表现在以下几方面：

第一，有无计划与目的性。显性课程具有明确的教育目的、周全的教育计划，以丰富的教育内容作为保证。而隐性课程强调的是渗透感染，事先并没有明确的目的与计划，侧重在教育过程中或在教育结束后受教育者受到的感染与熏陶。

第二，呈现方式不同。不同的呈现方式是区分显性课程与隐性课程最显著的特征。显性课程通常指能够直接被感知的实物资源，如教材、教学参考资料、专用教室、图书馆、教学设施设备、活动场地等。而隐性课程主要以一种潜在的方式对教育教学活动产生影响，如校风、班风、学风，校纪校规，师生之间、生生之间的人际关系，合作意识，团队精神等。

因此，隐性课程与显性课程既有联系又有区别，二者相辅相成、相互促进，在教育教学中所起的作用不可忽视。

3. 显性课程资源

显性课程资源是指看得见、摸得着，可以直接运用于教育教学活动中的课程资源，如教材、计算机网络、自然和社会资源中的实物、活动等。作为实实在在的物质存在，显性课程资源可以直接成为教育教学的便捷手段或内容，比较易于开发与利用。

二、小学道德与法治课程资源开发与利用的意义

课程资源是新课程实施的重要保障，新课程的实施离不开课程资源的开发与利用，尤其在小学道德与法治课程的教学活动中，更要求教师设计各种丰富的教学活动，营造各种有利于教学的情境，以激发小学生的学习兴趣，所以丰富的课程资源对教学来说十分重要。

（一）有利于推动道德与法治课程教学的实施

道德与法治作为一门新生的课程，虽然在德育方面继承了以往思想品德课的德育理念，但是在新的课程中加入了大量法治教育的内容，要求加强小学生的道德教育，同时在德育过程中渗透法治教育，弘扬社会主义核心价值观，使学生从小就培养良好的品德和行为习惯，培养学生的诚信意识、规则意识、法治意识。道德与法治课程按照自我—家庭—学校—社区—国家—世界的顺序，按照小学生的生理成长规律和逐步扩大的生活认知领域来安排教学内容的。在小学生的每个年龄阶段都有其特定的认知水平，所以我们要按照小学生每个阶段的心理特征开发适合其每一阶段的课程资源，以帮助小学生更好地适应教学环境和接受课程内容。同时，我们要考虑到学校和社会的不同情况，从实际出发，因地制宜地开发可供实践的课程资源。

道德与法治课程要改变之前以品德教育为主的教育方式，将道德教育与法治教育有机融合，在丰富的教学情境和教学活动中，让小学生体会道德的力量，感悟法治的精神。所以我们要鼓励学校和教师开发利用各种对道德与法治教育有益的课程资源，不断丰富课程资源的内涵，推动道德与法治课程实施。

（二）有利于推动小学道德与法治课程改革的不断深入

道德与法治课程根据时代发展的需要，将道德教育与法治教育相融合，对于弘扬社会主义核心价值观，培养新时代的社会主义建设者具有重要意义。新课程的开设贯彻了党和

国家对教育提出的新要求，而课程资源的开发与利用则将党和国家意志融于生活实践，丰富了道德与法治的教育内容，改进了道德与法治的教育方式，提升了道德与法治课程的教学水平，使学生在轻松的学习氛围下，不但可以培养良好的道德认知，也可以培养基本的法治意识，形成法治观念。课程资源的开发与利用顺应了课程改革的新要求，为课程的顺利实施提供了具有时代性和现实性的课程资源，使教学更好地贴近社会需求和学生的生活实际，为道德与法治课程的顺利开展提供了资源保障。作为新课程改革的重点和难点，课程资源的开发与利用在理论和实践方面进行了一些有效的研究，能够为课程改革的深入发展提供资源支撑，是值得我们大力投入并积极作为的。

（三）有利于培养学生的道德意识和法治观念

以学生为本，因为学生是学习的主体，既是课程资源的受益者，也是课程资源开发的参与者。道德与法治课程资源以小学生生活化的课程资源为主，兼容各种有益于小学生身心发展的活动资源。这些具有广泛开放性的课程资源，能极大地提升学生学习道德与法治课程的兴趣，让小学生置身于自然生活的环境中增长知识，融合道德与法治教育，从而使小学生获得更贴切的体会和感悟。道德与法治教育的目的是让学生过有道德、有法治意识的生活。在课程资源开发的过程中，学生通过活动性教学资源的体验，由以往单纯被动的知识学习者转变为课程的参与者，改变了小学生的学习方式，提高了学生的参与能力、合作探究能力。

在新课程理念下，学生不仅成为道德与法治课程资源开发的参与者，而且本身就是道德与法治课程资源的活动载体。在道德与法治课程资源开发与利用的过程中，学生通过与教师、同伴的互动，不断加深对道德与法治的认识，同时，也在潜移默化地构筑自身的道德与法治认知体系。学生在教学实践过程中，由被动的知识接受者转变为主动的体验者和探究者。在课程资源开发利用的过程中，学生通过不断参与和体验，逐渐体会到道德的力量和法治的精神，道德意识与法治观念不断增强。

三、小学道德与法治显性课程资源的开发与利用

随着信息技术的迅猛发展，人们收集信息的手段越来越多样化，教学资源越来越丰富多彩。尽管如此，文本资源仍在教学中起着不可替代的重要作用。文本资源是教师教学和学生学习的重要基础。就道德与法治课的综合性特点来看，文本资源的有效整合是提高道德与法治教学效果的基础。

（一）道德与法治教材资源整合

《道德与法治》教科书是按照品生、品社课程标准编写的主要教学资源。道德与法治

课的性质、设计理念、课程目标、内容标准等都集中体现在教材中，教科书的作用是不可削弱的，教科书是课堂上能够利用的最重要的教学资源。教科书和一般的出版物最大的区别在于：基础教育的教科书必须反映国家意志，这是不可动摇的。教材是学生学习的基础性资源。教材是课程标准的具体体现，是新课程理念的主要体现，是重要的课程资源，是教学的主要依据。

从 2016 年秋季学期起，教育部将义务教育小学和初中起始年级《品德与生活》《思想品德》教材名称统一更改为《道德与法治》。《道德与法治》课本中每节课都分成几个不同的部分，如活动园、阅读角、相关链接、探访活动等，这几个部分构成了一个统一的整体，而每一个部分都有它特有的功能。课本这样的结构设计依托知识，但又超越知识，体现思想性与人文性，并注重对学生进行行为指导，有利于学生积极主动地学习和实践，从而培养学生的核心素养。教科书一般都由权威专家编写出来的，教科书的每个字、每个单元都渗透着最大的教学价值。因此，教学资源的整合就离不开对教科书资源的挖掘。

1. 对教材案例进行整合

在《道德与法治》教科书中，每个栏目中都设置多个探究与分享活动，但大多是独立存在的，它们前后缺少联系，容易造成课堂探究活动缺乏连贯性，使课堂教学环节生硬，浪费了案例资源，在了解不同案例的过程中还会浪费学生的时间，造成教学效率低下。在进行教学设计的过程中，我们可以对各个案例进行梳理，找出各个案例的核心内容，加以重组，加工合并为一个案例，采用一例到底的方式，采用渗透的形式，提高案例利用率，让学生有更多的时间独立思考，小组合作，探究分享，进行交流，把课堂还给学生，让学生真正成为学习的主人。

2. 对教科书的栏目进行整合

《道德与法治》教科书结构设计中存在栏目繁多的问题。一方面，过多的栏目不利于教学的开展。虽然过多的活动设计带来了海量的信息，但给教师备课带来较大困难。再加上教师专业水平参差不齐，对于过多的活动设计，并不能充分地驾驭尤其是各个环节的衔接，内容不能保持连贯性。另一方面，过多的栏目不利于课堂内容简单明了地呈现，且过多的信息易使学生对教材滋生排斥感，造成学生学习自主性下降。因此，在教学活动中应对教材进行相应的优化整合，简化各栏目设计。

3. 对教材知识结构的整合

《道德与法治》教材在编写过程中，注重培养青少年的法治意识，也就是学生所应具备的核心素养。所以，道德与法治课堂比以往的课堂更注重道德教育和法治教育的结合，也设置了比以往的教材更多的法律法规的相关内容。因此，我们可以整合相关的法律知识，更好地培养学生的法治意识和法律素养。同时，也可以整合保护未成年人的法律法规以及生命健康的相关内容。通过这样的知识整合，使学生更好地理解教科书知识，为培养学生的法治意识和法律素养打下坚实的基础。

（二）人的资源整合

虽然教学活动有各种不同的要素，但是处于核心地位的必须是参与教学活动的人，人是参与教学活动的主体。而在教学活动中，参与的人力资源主要是教师资源、学生资源。

1. 整合教师资源

教师在课堂教学中扮演主导者的角色，并且是教学资源的开发者、教学资源整合的运用者，因此，教师在教学活动中应注重对教师资源的开发、整合和合理运用。

教师自身的教学资源，即由教师自己动手，对自己生活环境、人际交往、工作学习、爱好特长、经验教训和日常用品中存在的教学资源的挖掘。整合运用教师自身的教学资源，可以有效地缩短教师与学生之间的距离，从而使教师在课堂教学过程中更有亲和力、感染力和说服力，学生在学的过程中也更容易接受。同时，也拉近了教学与生活之间的距离，提高了整体的课堂教学水平，并且有利于教师在教学过程中形成自己的课堂特色。教师资源整合的有效途径是教师资源的有效配置与优化组合。

在教学中，教师的特长和经验是不一样的，有的教师比较擅长教学，教学效果较好，有的教师科研能力比较强，有的教师在学生工作上经验比较丰富。因此，学校就需要在教学活动中根据教师的特长调整教师队伍结构，合理安排教学事宜。比如，可采取集体备课的方法，让教师在集体备课的过程中相互学习、取长补短，这对于提高教师自身的素质和教学能力十分有利，同时，还可以帮助教师在教学过程中穿插不同的教学方法和经验，集中到课堂教学过程中，调动学生的兴趣，提高教学效果和教学水平。

此外，可以将各班的教师按年龄、职称、学历和教学特长等重新划分，合理安排教学活动。这样一来，老、中、青教师相互搭配，可以促进不同年龄段的教师之间互相补充学习。经验不足的青年教师可以向中年教师和老年教师请教，学习他们丰富的教学经验，再根据自身的教学特点把这些经验运用到教学活动中，从而提高教学能力。通过对教师资源的优化组合并进行有效合理的配置，可以促进教师之间相互沟通、交流学习，取长补短，以此达到教学相长的目的，使每一个教师的思想态度和理论知识都能够得到提升，从而做到教师资源的有机整合。

2. 整合学生资源

学生是课堂教学活动的主体，是教学活动的主要参与者，是特殊的教学资源。因此，学生不仅是教学的对象，更是教学的重要资源。整合学生资源的目的包括：①为了教学活动高于狭隘的、通用的教育内容，使得教学过程中能够更多地融入学生的生活经验，让教师的教与学生的学都能够活跃起来，调动双方的积极性；②可以改变学生在教学中的地位，学生在教学过程中不再像以往那样做一个被动的知识接受者，而是以知识构建者的角色进入学习过程中，充分调动学生的主观能动性，激发学生的积极性和主动性，提高课堂效率。学生资源在课堂教学活动中一般表现为基础性资源和差异性资源两部分，对于这些资源进行整合运用是十分必要的。

（1）整合运用学生的基础性资源。基础性资源是指学生在课堂教学中所表现出来的一般水平信息，即大部分学生所积累的生活经验，这是帮助教学活动顺利开展、促进学生正向发展必不可少的资源。课堂教学主要是以学定教，只有了解和熟悉学生的学习背景、基础能力和相关的生活经验，才能在教学过程中对其进行有针对性的教学，明确教学目标和教学方法后才能提高教学效果。学生的基础性资源是十分丰富充裕的，只要我们细心捕捉并对此进行有机整合，切实做到以学定教，便能提高课堂效率，化繁为简，轻松突破教学过程中的重点和难点，有效引导学生向着更加准确的方向学习。

（2）整合学生的差异性资源。学生作为独特的、独立的人，拥有自身的独特性、差异性和阶段性。不同学生的思维方式和智力水平之间必然存在差异，同一班级的学生在许多方面也都不尽相同。在思考问题的方法上、解决问题上，学科教学也是如此，都必须将人的发展放在第一位。学生不仅是学习的主体、课程目标实施的对象，又是我们教学资源的一部分，是课堂教学的共同创造者。

教学资源的整合与运用的出发点和归宿都应以学生的学习为主，教师应以学生的发展为根本，理解和尊重学生之间客观存在的差异，并在教学中做到既关注学生的共性，又能照顾学生的个体差异性，将共性与个性辩证地统一起来，对学生的差异性进行补充，发挥学生的特长，不断地从学生身上寻找新的教学资源，并且进行合理利用，拉近教师与学生在教学过程中的关系，从而促进学生在学习过程中的积极性、主动性和高效性，真正落实对学生资源的有效整合，在教学过程中最大限度地照顾每一个学生的学习和发展，培养全面发展的学生，实现教育教学的最终目标——促进人的发展。

第三节　小学道德与法治的隐性课程资源

一、隐性课程的内涵

学生在学校生活中不仅习得了读、写、算等文化技能，而且能力、素养、品德、意识也获得了提升。这些规范、态度、意识、素养、价值并非来自正式的学术课程，而是在学校的非学术方面获取的，通过这种潜移默化的形式传递给了学生。这种以非正式方式进行的文化渗透被称为"隐性课程"。此后，隐性课程就成为课程领域新的研究课题。

关于隐性课程的内涵，我国学者认识不一，主要有以下观点：

第一，隐性课程是指学校教育的非学术结果，这些结果不仅重要而且系统地发生，但未明示于各级各类公立学校的教育理论或原理之中。这一观点侧重于强调非学术方面对学生的影响，并且同样认为只有学校中存在隐性课程，忽略了学校之外大量可供开发的隐性课程资源。

第二，隐性课程是学校或学校以外的教育环境中产生的某些结果，尤其是那些学生已经学习到，但并没有宣称为有意产生的学习状态。这一观点对于隐性课程的认识并非只强调学习结果，同样注重学习状态；并非只注重学校以内的教育环境，同样强调学校以外的隐性教育环境。这一观点对于隐性课程的认识已经不再局限于校园内，而是侧重校园内外，认识比较具体全面。

由此可以看出，我国学者对隐性课程内涵的研究已经触及了核心，但对隐性课程内涵的理解仍然存在片面性。对于隐性课程的内涵，一般是指形成学生的非正式学习的各个要素，如师生关系、生生关系、能力分组、课堂规则、课堂秩序等。这些要素在学校课程标准里并没有明确的规定，它们被看作一部分无意识的学校生活经验，但经常有效地对学生发挥着作用。学生更利于接受这种潜移默化的教育方式。教育者的教育意图越隐蔽，就越能为教育的对象所接受，就越能转化成教育对象自己的内心要求。由此可见，关于隐性课程相关概念的论述与整理对于隐性课程理论的建构以及指导实践均起到了良好的促进作用。

二、小学道德与法治隐性课程资源

（一）小学道德与法治隐性课程资源的特征

1. 丰富性

道德与法治课中隐性课程资源的存在极其丰富，无论是大自然中的山川河流、花草树木，社会中的组织机构、文化制度，还是家庭社区的环境和文化氛围，只要是看到的、接触到的、有形的、无形的，都可能是一种潜在的道德与法治课程资源。除了像《道德与法治》教材、专门的道德与法治课资料和活动之外，其余的全部社会资源都有成为道德与法治课的隐性课程资源的可能。但这也只能算一种隐性的资源，只有当课程资源开发主体有目的、有计划地加以开发和利用，使其有利于实现道德与法治课的课程目标，挖掘学生道德与法治发展的潜能，才有可能成为道德与法治课的课程资源。

2. 隐蔽性

隐蔽性是道德与法治课隐性课程资源的本质特征，也是道德与法治课隐性课程资源最为突出的特征之一。显性课程资源是有目的、有计划地被运用于道德与法治课课堂教学的显著资源，有专门的参考书、配套资料、实施途径、评价方式。隐性课程资源则不同，它常常隐含在其他学科教学活动中，隐藏在学校的物质和文化环境中，不易被人察觉，未被列入教学计划和课程内容，一切都以潜在的状态存在着。

3. 生活性

课程内容生活化是新课程改革的一个基本理念，尤其是小学阶段课程内容的生活化是小学道德与法治课的一个显著特征。

（1）从学生心理发展的特点来看，小学生的思维处于具体形象思维阶段，抽象思维能力发展不成熟，尤其是低年级段的学生，必须借助现实生活或者可感知的实物，通过自身的接触和探索体验才能对事物达到真正的认识和理解，抽象和概括化的道理是不符合小学生认识发展规律的。

（2）从教材编写取材范围来看，小学道德与法治课大部分内容是直接来源于日常生活和围绕生活编写的，这些内容都是可感可知、来源于大自然和学生的日常生活实践，学生可以亲自去操作和体验，并且时时刻刻能够感受到。通过引导学生在日常生活中感知和实践，再在实践中加以锻炼，就能养成良好的道德与法治行为。这就要求道德与法治课的课程资源一定要来源于生活、贴近生活，这样才有助于德育课程目标的实现。

4. 长效性

隐性课程资源发挥作用具有一定的延时性，它对学生的情感和行为产生的是一种潜移默化的影响，而不是立竿见影的效果。但是一旦开始渗透到学生的日常生活和思想情感中，成为一种习惯，就不会轻易失去，对人的道德与法治行为具有长期的潜移默化的熏染作用。尽管如此，道德与法治课的隐性课程资源仍是一把双刃剑，恰当利用对学生终身的品德发展具有促进作用，利用不当也会在学生一生的成长中埋下隐患。

5. 思想性

道德与法治课本身就是要促进学生良好道德与法治和行为习惯的养成，因此，道德与法治课的隐性课程资源不同于其他学科隐性课程资源的一个最大特点就是思想性。无论知识与能力目标，还是情感态度与价值观目标，都是从对学生的道德认知、道德能力和道德情感培养出发的，旨在培养学生具有良好的道德品质、社会认知、行为规范和价值观。因此，它的思想性也是显而易见的。

6. 难量化性

隐性课程资源呈现方式具有间接性、隐蔽性的特点，这就造成了其结果固然难以量化。举例来说，学生对知识的理解与掌握情况可以用提问、抽查、默写、考试等来估量，而对于学习态度、学习方法、学生情感兴趣与价值观等方面受到的启迪很难找到一个具体可量化的标准。显性课程资源有明确的教育目的、健全的测评标准，而隐性课程资源范围过于宽泛，没有明确的教育目的，实施过程具有潜在性，结果可视化程度低。因此，隐性课程资源的特征决定了其结果并不适合显性课程资源可视化的测量标准，只能进行定性分析。

（二）小学道德与法治课隐性课程资源的分类

道德与法治课隐性课程资源的丰富性和隐蔽性决定了对其一一开发利用不仅耗时耗力，而且不现实。而对其进行科学分类则可以避免对同一性质和类似资源的重复开发，可以减少物力、财力和人力的消耗，降低对其开发利用的难度，提高开发和利用的效率。因此，在借鉴隐性课程资源已有的基础上，结合道德与法治课隐性课程资源的含义，按其存在领域，大概将其分为校内和校外两大类。

1. 校内的道德与法治课隐性课程资源

根据存在的领域不同，校内的道德与法治课隐性课程资源主要划分为以下类型：

（1）物质空间层面的隐性课程资源，主要是指校园及教室内的环境卫生、设施设备、墙面布置及空间关系等。这些资源不仅能够满足校园活动的使用价值，而且是可供开发的隐性课程资源。

（2）教学互动层面的隐性课程资源，主要体现在学校课堂教学和教师与学生的交流互动中，主要包括教师自身的隐性课程资源、学生身上潜在的课程资源、师生互动、生生互动过程中的生成性课程资源三方面。

（3）观念文化层面的隐性课程资源，主要包括办学理念、校风校纪、班规班纪、班级氛围、师生关系等。有效开发丰富多样的观念，即文化层面的隐性课程资源，可以提升小学道德与法治课的教学质量，有效落实道德与法治课程标准。

2. 校外的道德与法治课隐性课程资源

同样以存在领域作为划分依据，校外道德与法治课隐性课程资源主要包括社会层面的道德与法治课隐性课程资源和家庭层面的道德与法治课隐性课程资源。

（1）社会层面的道德与法治课隐性课程资源，根据存在形式又分为社会景观资源、人力资源和文化资源三方面。

（2）家庭层面的道德与法治课隐性课程资源，主要是开发和利用家长资源，如家长自身的教育影响资源、家长的特长资源、家长的参与管理能力资源等。

对道德与法治课隐性课程资源进行分类，并非期望能囊括所有，这也不现实。进行分类和罗列的目的有两点：①对隐性课程资源的存在领域有一个宏观层面的把握；②有助于在资源开发利用中有目的、有条理地高效开展。但所有的隐性课程资源并非真正意义上的课程资源，只是具有成为课程资源的可能，因为未被开发利用，所以只能称为隐性课程资源。

资源本身无好坏之分，但功能上有积极和消极之分，所以在对隐性课程资源的范围及分类正确把握的前提下，还须对其科学地开发利用才能发挥其积极作用，最终实现道德与法治课的课程目标。

三、小学道德与法治隐性课程资源开发与利用的对策

（一）提高隐性课程资源开发利用主体的能力

教师的资源开发能力决定了资源开发利用的广度和深度，提高教师的资源开发利用能力主要是提高教师对身边的隐性课程资源的发现能力、分析筛选能力以及对资源的运用调节能力。这些能力的培养既离不开教师自身的学习，也离不开学校的相关培训。

1. 教师切实提高自身学习与实践能力

教师自身的学习和实践能力的提高是提高资源开发利用能力最主要、最根本的途径。

（1）教师作为资源开发利用的主体，要主动了解和学习资源开发利用的相关知识，提高对隐性课程资源的敏锐观察力，善于发现身边可利用的资源。

（2）教师要学会对已发现的资源进行分析筛选，筛选出最有利于学生道德与法治发展和实现道德与法治课培养目标的资源。

（3）教师要学会科学合理地运用已筛选出的课程资源，根据课堂的实际情况和学生的特点需要及时调整资源利用的策略。再好的理论学习也需要经过实践的检验，因此，还要求教师在积极主动学习的同时，能够在实践中学会运用，不断反思，不断改进。

2. 学校提供相关的专业培训

教师自身的积极学习是隐性课程资源开发利用的不竭动力，但也有局限性。其主要体现在：①教师自身主观因素的局限性，如部分教师惯用自身难以发觉的口头禅，不自觉情绪情感流露，说话方式不当等；②教师自身的时间和精力有限，对一些专业理论问题理解难度大，单凭自身的学习既耗费时间又耗费精力。因此，对于一些教师自身意识不到，同

行教师又不好意思提的习惯，就需要该领域专家对隐性课程资源的存在范围和教师日常生活中一些易被忽视的资源进行引导和提示，提醒教师不断审视自己，减少这种隐蔽课程资源的错误使用。

对一些难度大又耗费时间和精力的问题，学校若能够多组织相关的学习培训或者活动沙龙等，集中学习和小组学习相结合，专家授课和相互交流相结合，既高效又快捷，能够在较短时间内帮助教师解决一些资源开发利用的核心和关键问题，同时，也能为教师自身的学习提供思路、减少阻力。

（二）丰富隐性课程资源开发利用的内容

1. 有效整合和利用学校的隐性课程资源

（1）充分开发和利用物质空间层面的隐性课程资源。学校的环境和教授的知识都是教育的载体，校园物质空间环境是校园精神文化的载体，一个优美舒适的校园环境会让人心旷神怡。

第一，让学校的设施设备物尽其用。一个主体建筑优美、设施设备齐全的学校或班级，可以增强学生的信心，通过体验不同设备不一样的功能，增长见识，发展多方面的兴趣。尤其是对于小学低年级段的学生，评价一所学校好不好，不是看这所学校的办学历史多悠久，师资多雄厚，而是看这所学校大不大、美不美。一个设施设备完善、环境优良的学校有助于陶冶他们对美的感受和欣赏，培养学生积极向上的态度。当然，有了好的设备，应该物尽其用，用在学生身上，让学生去用，才能发挥其最大的价值。

第二，丰富墙面。墙面包括学校的校门、学校围墙内外、各个教学楼、活动区，以及班级内外的墙壁等，他们蕴含着学校和班级大部分的办学理念或价值取向，是一笔不可多得的隐性课程资源财富。在班级内外适当地悬挂一些名人名言、科普小知识、生活小常识、书法名家、艺术大家的画像，可以振奋学生的学习精神、丰富学生的生活常识、激发学生的审美感、陶冶学生的情操。但也要注意色彩和构图上要符合学生的兴趣，内容上要贴合学生生活。在学校教室的走廊墙壁或橱窗内尽量粘贴一些学生的绘画、书法、写作及手工艺品，还可以在学校的公共场所墙壁上贴一些简洁的好习惯培养条目，随时提醒学生注意自己的行为习惯。

第三，创设优美舒适的空间环境。保持校园环境的干净整洁有序，要综合考虑学校的整体布局，既体现学校特色，又彰显时代气息，形成优美自然、文化气息浓郁的校园和班级环境。学校建筑布局要以学生学习和生活区域为主，避免将华丽的办公楼摆在学校最耀眼的位置，带给学生一种权力至上和等级差别的观念。以学生为本，民主平等的校园氛围也要从最基本的建筑布局上来体现。在学校景观设计上，注意开放性、多样性，既要有赏心悦目求美、求雅的，也要有精心励志求真、求善的。

校园中的每一处景观都应有其独特的文化内涵，既应有思想深度，又要有文化厚度，使学生身处其中，既受到美的熏陶，又受到形象生动的教育。在教室的空间距离和课桌椅的摆放次序上，要以学生身心舒适为主。

（2）充分开发利用教学互动层面的隐性课程资源。教学互动层面的道德与法治课隐性课程资源主要体现在对课堂教学内容的深入挖掘、对课堂教学过程中生成性资源的敏锐把握及对教学活动主体自身潜在的各种隐性资源的开发中。

第一，充分挖掘各科教材中的道德与法治课隐性课程资源。除道德与法治课程之外，其他学科教材中同样蕴含丰富的道德与法治隐性课程资源，这既包括人文社科类课程中的道德与法治隐性课程资源，也包括自然科学类课程中的道德与法治隐性课程资源。传统文化读本、语文等人文社科类课程中的英雄人物故事、中华民族的奋斗历程以及数学等自然科学课程中潜在的中国人的伟大发明，科学家对祖国的热爱、对真理的坚持，中华民族劳动人民的勤劳智慧等，都有助于培养学生的爱国主义精神、艰苦奋斗精神以及树立远大的理想信念。

第二，敏锐把握教学过程中的生成性道德与法治隐性课程资源。教学情境中的师生互动、生生互动或课堂偶发事件等都属于道德与法治课隐性课程资源，它是特定情境下的产物，具有特定性和偶然性的特点，但无意中的随意教育对于学生的影响可以是刻骨铭心的。因此，敏锐地把握教育过程中的生成性课程资源是道德与法治课隐性课程资源的重要部分。

第三，充分挖掘教学主体自身的道德与法治隐性课程资源。教师是教的主体，学生是学的主体，教师和学生在整个教学过程中发挥着主体作用，无论是教学内容的选择和运用，还是教学过程的生成性资源，无不受教师的个体特征、管理方式、教学态度，学生的个体活动以及同伴群体的影响，让教师自身潜在的隐性课程资源最大化。小学阶段的学生有很强的模仿能力，教师的道德与法治修养、行为举止都会对学生的价值观、生活方式、言谈举止产生潜移默化的影响。

因此，教师在行为仪表方面，做到衣着整洁得体、举止文雅端庄、言语文明礼貌、坐态典雅端正、站态自然稳重、待人热情诚恳、性格活泼开朗等，为学生良好行为习惯的养成树立榜样；在教育教学、班级管理及与学生的相处中，发扬平等、公平、宽容、诚恳的优良品质，做到不放弃任何一个学生，进而影响学生的性格、学识、心理素养和品行；教师在生活和教育教学活动中保持谦逊温和的态度，用欣赏的眼光对待每一个学生，少一点求全责备，多一些欣赏和赞美，让相互尊重理解、关怀信任成为师生交往的常态，为学生营造健康、和谐、友爱的环境。

同时，要重视学生同伴群体隐性课程资源的影响。受自身身心发展特点和家庭背景、社会环境的影响，有的学生行为习惯各方面表现良好，而有的学生表现则比较差。每个人都有不断提高自己的愿望，尤其是小学生，更希望得到教师和同学的认可，在班集体生活中，相比于教师的要求和约束，他们更容易模仿和学习同伴的良好行为，会在不知不觉间产生一种潜在的同伴群体影响。因此，要善于利用这一天然的隐性课程资源，成立互帮互助组或者实施"小导师制"。对于行为习惯和表现比较好的学生，除了及时的鼓励肯定之外，还可以将其作为其他同学的榜样。一方面，是对其良好行为习惯的巩固；另一方面，也为行为习惯不好的同学树立了模仿学习的榜样。

（3）寻找组织制度方面的道德与法治隐性课程资源。组织制度方面的道德与法治隐性课程资源主要包括学校的规章制度、领导体制、管理模式和班级的班规条约、管理方式，以及评价与奖惩中存在的非预期的品德影响因素。开发和利用学校组织制度方面的道德与法治隐性课程资源也就是发掘和利用这一潜在的集体管理和集体规则制度资源，以学生为本，让学生参与学校和班级规章制度、规则的制定，发挥学生自我管理班集体的作用，合理使用奖惩评价，建立民主型的学校领导体制和班级管理方式。让学生参与学校制度的制定和管理并非否认教师的主导地位，而是将教师的角色变为学生学习和生活的领导者和参与者。

学生天天生活在集体中，本应是学生自己的集体自己管理，自己的规则自己制定，这样才能真切地体会自己是集体中的一员，自己集体商量出来的规则才能更好地遵守，但这一最简单的隐性课程资源在很多时候被教师忽略或代为操办了。在学校，往往是学校领导制定学生行为规范并负责评价实施，班主任制定班级规则和规范，要求大家都要遵守，学生成了规则的被迫接受者和执行者。学生没有参与讨论制定规则，所以就没有深刻的印象和必须执行的责任心。有些规则在制订时，甚至没有明确的规则和要求，学生并不知道教师对自己表现行为的具体期望值，所以有时候有意或无意地触犯规则。再加之教师不合理的惩罚措施，这样就使班级规则的使用陷入了误区，本是很好的一种集体规则意识培养和集体生活管理资源，却被错误地使用了。

因此，对于班级的规章制度，可以由本班学生共同制定；对于关乎学生日常生活的规章制度和道德与法治评价标准，学校对每个年级和班级的管理，最好采用民主的方式，由年级或班级的学生代表参与讨论制定，并及时向其他学生传达学校管理精神，让全体学生知晓学校的管理动态和评价标准，感受到自己真正属于集体中的一员，自己制定出来的规则自己要遵守，有利于提高他们的民主管理意识和主人翁的责任感。

（4）开发和利用观念文化中的道德与法治隐性课程资源。这里的校园班级中观念文化中的道德与法治隐性课程资源主要是指校园和班级的精神文化，它同样是一种潜在的教育力量，以其特有的魅力潜在地向学生传授着教育者要求的思想、规范和道德标准，这种力量无时不有，无处不在，时时刻刻影响着学生。

第一，重视教育理念、校风校纪、班规班纪等纪律制度方面的建设。随着素质教育的开展，学校要努力营造民主、平等、公平、上进的班级氛围，注重班风建设和班级精神文化的培养，使校园精神和班级精神落实到每一名师生的日常生活中。

第二，重视发扬校园文化活动的德育价值。每所学校和每个班级或多或少都会举办一些活动，如学校的运动会、少先队活动、春游活动、元旦文艺会演、六一儿童节演出等，班级的班会、家长会、小型演讲比赛。无论是学校和班级中的常规活动，还是专门的德育活动，本身都蕴藏着丰富的道德与法治隐性课程资源。对这类文化活动的开发和利用，不仅是一个热闹欢乐的过程，而应该发挥其活动本身的意义。如运动会，不能仅将其看作一场班级或个人的输赢比赛，而是要让学生懂得各种比赛和活动中出的反映社会要求，符合地方特色、具有自身个性特征的校本精神。

历史悠久的学校为传统办学理念赋予了新的时代内涵，新建学校提出具有时代特征的办学理念，反映校园精神的校规、校纪已成为团结和凝聚学校各方力量的重要组成部分。以学校办学理念为核心，每个班级都创立了符合本班学生特征和需要的班规班纪、公正的规则意识。比赛中的同伴和团队合作意识，让学生体会到运动的快乐，而不是比赛的输赢。各种节日活动，如元旦、六一儿童节等，也不是简简单单的一些舞蹈、歌曲表演，而是要挖掘该节日的来源、含义和风俗习惯，培养学生对各种常见活动和重要节日的认识和各种庆祝方式的了解，激发学生对中华传统文化的热爱。

2. 充分开发利用家庭资源

在学生成长的过程中，家庭最能激发人的情感，是最具亲和力的地方。选取道德与法治教学需要的独特家庭教育资源，不仅能增加教育的亲近感，还能增强活动的说服力，丰富学习活动经验。但与社会、社区和学校相比，家庭是一个相对封闭、隐秘的地方，即便作为隐性课程资源开发和利用主体的教师，也不能随意进入家庭干涉家庭生活，而只能有意识地影响家长，通过家长间接地对这些隐性课程资源进行开发和利用。所以，对家庭中的道德与法治隐性课程资源的开发和利用，实质上就是对家长资源的开发与利用。

（1）开发利用家长自身的教育影响资源。家长自身的教育影响资源主要包括家长的文化水平、教育理念、性格特征等方面的内容，其中，起关键作用的是家长的文化水平和教育观念。

第一，普及基本的家庭文化知识，提高家长素质。对小学阶段的学生来说，对家长文化程度的要求并不是有多高的学历，而是要具备最基本的关于学生的营养、保健、生长规律的知识和基本的心理活动规律。因此，需要通过家长会、家访、家校共育栏、聊天工具等途径对家长进行家庭知识的教育，提高家长的素质。

第二，在教育观念上，教给家长最基本的教育原则和教育方法，使其不要过分注重学生的学习成绩而忽略学生良好行为和学习习惯的养成，能够支持学校的活动和安排，配合教师共同完成对学生的教育。同时，家长也要以身作则，严格要求自己，热爱工作、说话文明、乐于助人、艰苦朴素、尊老爱幼、饮食作息健康有规律等，用自身的良好行为习惯去感染学生，使他们成为乐观开朗、积极向上、文明礼貌的好学生。

（2）开发利用家长的特长资源。每个行业的人都有自己擅长的东西。学生学习的领域是广泛的，但教师并不是全能的。因此，教师可以根据道德与法治课内容的要求和课程需要，请相关领域的家长来为学生亲自介绍或演示，这样一方面可以丰富课堂内容，提高学生们的兴趣；另一方面可以让家长参与到学校的日常教学中，扩大课程资源，同时，还能增强家长在学生心中的榜样力量。

（3）开发利用家长的参与管理能力资源。家校合作、家长参与是当今国内和国际教育改革的主要趋势。家长参与不只限于简单的家长会或者日常的家长听从学校的安排，而是要家长参与到学生的品德培养计划设计中，学校的日常行为规范管理甚至决策中。例如，邀请家长参与班会活动的设计，参与制订学生个性化品德培养方案等。这样一方面有利于家长了解学校的教育计划和安排，积极地配合学校教育；另一方面也有利于学校对学生全方位的了解，从而做到因材施教。

3. 充分开发和利用多种社会资源

社会资源是丰富多彩的，有可供观察、研究、体验的祖国大好河山等自然景观，有可供感受和学习的爱国主义、革命传统的博物馆、烈士革命纪念馆及生产劳动教育基地，有可供模仿的各行各业感动中国先进人物模范代表。归纳起来，大致可分为社会景观资源、人力资源和文化资源三方面。这些都是潜在的道德与法治课的课程资源，这些具体生动的现实事件更有利于提高德育的实效性。

（1）开发和利用社会景观资源。开发和利用社会景观资源的目的在于使学生感受美、理解美，提高美丑的识别能力，潜移默化地影响学生，自觉调节和控制自身的行为举止。社会景观资源包括自然景观和人文景观。

第一，开发和利用优美的自然景观，如可以结合山川大河、花草树木、动植物园等引导中、高年级的小学生尝试了解我国不同地区自然环境的差异，指导并理解这些差异对人们生产和生活方式的影响；了解我国是一个地域辽阔、有着许多名山大川和名胜古迹的国家，拥有热爱祖国的情感等。同时，可以引导低年级的学生多观察交通运输、农田水利等自然风光，初步了解我国的工农业生产，以及农业生产与人们生活的关系，有条件的地方可以带领学生去体会工人、农民劳动的艰辛，从而尊重他们的劳动等。此外，也要善于挖掘学生日常生活中的自然现象和自然资源，并且加以利用和引导。例如，借助环境问题，借机引导学生认识污染的天气现象，提高环保意识。

第二，开发和利用人文景观，如博物馆、革命历史纪念馆、图书馆、青少年宫等，有条件的地方可以带领学生参观历史博物馆，还可以看相关的电影，了解近代我国遭受列强的侵略以及中华民族的抗争史，敬仰民族英雄、革命先辈，树立奋发图强的志向。此外，还可以参观革命历史纪念馆，加深对中国和中国共产党的热爱。

（2）开发和利用社会文化资源。开发和利用社会文化资源，提高小学生的道德认识，养成道德行为。社会文化资源主要是指社会的精神文化，主要表现为社会的道德风尚资源。对学生来说，他们是在作为隐性课程资源的社会文化和道德环境中生活，必然受到社会文化的影响，并在不知不觉中进行着文化心理积淀，形成个人文化，进而潜在地支配着他们的行为，影响他们的道德认知、道德选择和道德判断。

第一，教师要合理利用社会中潜在的良好道德风尚形成的正面影响，如拾金不昧、艰苦奋斗、勤俭节约、团结互助、助人为善等，培养学生应该遵循的价值观思维模式，树立正确的社会价值观，使自己的言行逐步符合社会规范。

第二，利用社会上存在的各种问题，如环境污染、贪污腐败、以自我为中心等，以此作为反面教材，进行不同价值观的比较，使学生知晓利害关系，引导他们追求正确的价值观念，激发他们追求上进。

第三，善于利用本地的传统文化资源，如民间艺术、祭祀、寺庙、民俗活动等，让学生了解本地的民风、民俗和文化活动，体会其对人们生活的影响，增加对本地文化内涵的了解。如处于孔府、孔庙附近的学生可以借助每年的祭祀和民俗活动，进一步了解儒家文化的博大精深，感受传统文化的精神魅力。同时，也要培养学生的价值判断能力，使其能够识别不良的社会风气，不参与迷信活动。

（3）开发和利用社会人力资源。社会是由人构成的，人力资源是社会中最为重要的资源。培养小学生的社会行为规范离不开社会这个大环境，离不开人与人之间直接或间接的交往。开发和利用社会中丰富的人力资源，对开展小学生的道德与法治教育有重要的优势。对此，可以利用社会上的名人效应，引导激励学生以他们为榜样。

（4）开发利用社会的组织机构资源。开发利用社会的组织机构资源主要是指与学校相近的社区的一些组织机构和单位，如政府机关、商店、农场、医院等政治性、经济性、文教娱乐、卫生等组织。让学生观察不同的组织所具备的职能，初步了解政治、经济生产、消费活动与人们生活的关系；学习初步的选购商品的知识，能够使学生独立购买简单商品，文明购物，具备初步的消费者自我保护意识，丰富自己的日常生活常识；参观体验研究机构、电脑公司、大学等，让学生知道人才、科学技术对人类生存与发展的重要影响，了解身边基本的科学常识和科学现象，从而热爱科学。

（5）开发和利用媒体网络信息资源。小学生正处在道德品质形成时期，也是社会化的基础时期，他们的理性思维差、可塑性强，极易受到大众传媒思想观念的影响。因此，在教学中，可以利用学生接触比较多的影视文艺作品，如电影、电视剧、纪录片、科教片、小品、歌曲等常见媒体题材中蕴藏着有价值的课程资源。这些资源内容丰富，形式多样，领域涵盖广泛，把它们有选择地融入课堂教学中，更能激发学生的学习兴趣，吸引学生的注意力，开拓学生的思维。

一些经典的作品，如历史纪录片、科教片等，更能让学生对祖国历史、传统文化、社会生活有进一步的了解，提高其爱国主义和人文主义情怀。除了受传媒的影响，现今的网络信息也已影响到每个人的生活。网络就像一把双刃剑，恰当利用是一笔巨大的财富，利用不当就会毁人一生。因此，合理开发和利用网络信息资源对学生的道德与法治发展也是必不可少的。

第三章　小学道德与法治课的体验式教学模式

道德与法治课程是义务教育阶段的思政课，担负着立德树人、培养时代新人的重任。为提高小学道德与法治的教学效率，改变道德与法治"知行脱离"的现状，教师可以尝试将体验式教学运用到小学道德与法治课程中。在道德与法治课堂上，教师可以通过体验式教学，抓住小学生的探究心理，引导他们在既定的情境下展开思考和讨论，有效地活跃课堂学习氛围，提高学习效率。

第一节　体验式教学模式在小学课程中的运用

一、体验的内涵及分类

（一）体验的内涵

1. 体验的哲学内涵

体验就是人的切身经历延伸出的感悟以及处理问题的经验。《辞海》中"体验"的释义为：体验即亲身经历，以认识周围的事物。《现代汉语词典》中"体验"的释义为：通过实践来认识周围的事物；亲身经历。《教育大辞典》中"体验"的释义为：体验是在人对事物的真切感受和深刻理解的基础之上对事物产生情感并生成意义的活动。《辞源》中"体验"的释义为：领悟、体味、设身处地。

对于体验的定义，主要观点如下：

（1）生命就是某种神秘的心理体验，体验本身就是生命存在的重要标志，并且将体验作为人文科学方法论的基础，人文科学的对象不是在感觉中所给予的现象，不是意识中对某个实在的单纯反应，而是直接的、内在的实在本身，并且这种实在是作为一种被内心所体验的关系。换言之，人文科学的教育必须通过内心体验来完成，因为人文科学本身就是直接面向人的内在，面向人的独特的生命、人生和生活。

（2）存在是存在者的存在，存在者存在是该存在者能够对其他存在者实施影响或相互影响的本源，也是能被其他有意识能力存在者感知、认识、判断、利用的本源。存在需要在内在的体验中超越主客二元，达到物我两忘。

（3）如果某个东西不仅被经历过，而且它的经历存在还获得一种使自身具有继续存在意义的特征，那么这种东西就属于体验。换言之，经历是体验的开始，但并不是体验的全部，只有通过经历，人作为一种主体以经历作用于自身，让经历成为内在于主体的一部分，建立经历与个体生命的内在关系，才算是体验。

（4）体验以生命为前提，它超越主客二分的机械模式，将自己、社会、他人、自我作为一种整体，用自己的整个生命去参悟和体会；它超越时间的限制，将过去、未来、现在集于一瞬，将个体的精神敞开放去拥抱世界，使生命处于永不休止的创造和运动状态之中。

（5）体验和生命是共生的，体验和生命有着一种共生性。有生命即有体验，不存在没有体验的生命，每个主体都在体验中存在。

（6）体验是意义的建构和价值的生成。

综上所述，体验的哲学内涵包括：①体验是生命存在的重要标志，只要有生命就有体验，只有通过体验生命才能存在；②体验是一种亲身经历，这种亲身经历实现了主客合一，以此促进主体意义建构并对主体后续行动有持续影响。

2. 体验的心理学内涵

学习分为无意义的认知学习和有意义的经验学习，无意义的认知学习只强调新旧知识之间的联系，而有意义的经验学习关注学习内容与人之间的关系，倡导学生中心的教学观和知情统一的教学目标。体验是一种有意义的学习，学生不仅通过体验学习到了知识，更能通过体验理解知识和其自身的关系，知识不再是一堆放置在脑中的符号，而带上了学生的情感价值。

体验生成的心理过程分为感受产生情感，情感促进理解和联想，在理解和联想中生成领悟和意义，领悟和意义深化情感反应。换言之，体验是一种充分调动个体情感并深化个体情感的心理活动，即体验是人的一种特殊心理活动。这种心理活动由感受、理解、情感、领悟等诸多心理要素构成。在体验中，个体的情感因素始终伴随其对事物认识的形成，情感参与是体验不同于其他认识方式的关键所在，这种体验使学习变得个性化。

综上所述，体验具有以下特征：

（1）就体验的价值而言，体验是生命存在的方式，也是生命发现自己的途径，只有在体验中、通过体验，主体才能获得真正的内在的心智的成长。对主体而言，意义不明的成长，不是与主题需要相割裂的，而是主体需要的、与主体相匹配的、有意义的成长。教育要触动学生的心灵，必须重视学生的体验。

（2）就体验的心理过程而言，体验包括感受、理解、情感、领悟等心理活动体验实现主客融合，超越主客二元对立。换言之，体验是主体在亲身经历的过程中，主客体之间获得了一致性，客体融入了主体的内心世界，主体完全理解了客体，并且这种体验将持久作用于主体与客体的交互活动。

（3）就体验的结果而言，个体内化体验之后，这种体验会对个体形成持续性影响。通过体验获得的认识不是暂时的、孤立的，而是和个体紧密相连的、有意义的。

3. 体验的语言学内涵

体验定位于身体与空间的融合感受，二者在感知客观世界事物的过程中才会形成体验的感觉。语言体验观指出人的意识感知和对事物的理解是以感官形成的体验为基础的，而感知体验又必须依托于人的身体和特定空间为基础，根据身体各感知器官的体验形成自己的价值判断，人的身体结构非常复杂，每一个器官都能带来不同的感受，还可以形成综合感悟，以此产生丰富多彩的世界认知，这种感受带着人类自身的阅历，也带着自身生存环境的影响，从近到远、从里到外形成多种语义域，形成了语言性的体验结论。语言集合了感官、空间感知，是二者共同作用产生的结果，身体和空间是语言形成的基础，缺一不可。

4. 体验的教育学内涵

在教育学领域，不同的学者对于体验有着不同的看法，主要有以下几种观点：

（1）体验事实上也属于活动的范畴，是一种活动的结果。若将其视为活动，便是主体切身经历某件事并从中获取特定的认知及体会；若将其视为活动的结果，便是主体从自身的经验中获取的认识及体会。

（2）体验是主体内在的历时性的知、情、意、行的亲历、体验与验证。它不仅属于活动，又是特殊的过程，是集合了生理与心理、感性与理性、情感与思想、社会与历史等诸多要素的复杂矛盾运动。

（二）体验与认知、情感、行为、经验的联系

1. 体验和认知的联系

认知主要指的是人们在面对客观事物时的感知反馈，关注点在事物本身的客观部分上。而体验则是关注于人们的精神层面，立足于人类、自然和社会的总体基础上，是一种存在意义的架构，是对其存在和价值的一种认可，由此提升对世界认知的超越与领悟。二者的关联性，从实际认知的角度来讲，认知来源于身体与外部事物彼此影响所带来的身体

上的变化——也就是生成人们身体的体验。身体对事物的感知和接触，即身体体验塑造着主体认知的内容、认知的方式以及认知的结果。这说明人类的认知与对事物的感知和接触有着密切的联系。

2. 体验和情感的联系

若是离开了情感，人们的生活将失去生机、丧失存在的价值、缺少道德内涵、单调贫乏同时又充斥着无限的交易。它是个体与社会的交点，原因在于任何个体都需要依托其在生活中感受到的和体验到的自我感和情感加入他们的社会。作为一个人，首先要拥有情感。这就表示，人类自身在与外部的生存环境之间形成了不间断的影响，在此过程中产生了对社会的了解，对自己的认知，而情感的表达则不同，它产生于人内心的意愿，以自身的诉求为传播的介质，这些情感产生于环境，在与其互动的过程中产生出内心的情感，情感是人与客观对象在彼此体验活动中产生的一种内心的反应。所以说，体验过程必定延伸出情感，情感贯穿在整个体验过程。

3. 体验和行为的联系

体验在生成的过程中与人的行为是分不开的，而行为的界定并不一定代表外部行为，还会牵扯到内部大脑的思维活动。体验在身体行为的前提下产生了经验主体，由此，在进行身体释放的前提下再进行体验，就会收到很好的效果。当体验者和对象之间进行深刻融合的时候，就会产生各种体验，这种体验离不开身体介质的传播，进而产生持续性状态，达到身心融合的体验。

4. 体验和经验的联系

经验是指经历、体验；由实践得来的知识或技能；通常指感觉经验，即感性认识。是人们在实践过程中，通过自己的肉体器官（眼耳鼻舌身）直接接触客观外界而获得的，对各种事物的表面现象的初步认识。对于体验与经验之间的联系，存在着以下几种观点：

（1）体验是经历中见出个性、深义和诗意的情感。经验只是知识的积累。体验是价值的叩问。体验具有超越性。体验具有美学功能。

（2）体验是一种注入了生命意识的经验；体验是一种激活了的经验；体验是一种内化了的经验。

（3）经验与体验之间确实存在连续性，比如说，直接经验始终是产生强烈的体验的必要条件，我们亲身经历的事情很容易引起我们的体验。但是，经验毕竟与体验是不同的东西，我们对某种事物有经验，可能只是获得了对其真实和客观的了解，而并未对其形成主观感受、内心反应和领悟。

由此可见，在某些情况下，经验可以作为体验生成的基础，经验经过个体领悟、反思可以深化为体验，但经验不等同于体验，这主要体现在：①经验强调主体对事物的客观认识，体验强调主体感受；②经验的价值在于其指导行动的实用性，体验的价值在于主体个性化的张扬；③经验可以独立于主体而存在于书本或网络等媒介之中，可以成为主体学习的内容，而体验存在于主体本身，必须经由主体的亲身经历而形成；④经验可通过各种媒介直接传递，体验不具有直接传递性；⑤经验强调实用价值，而体验除了有实用价值还具有美学价值。

（三）体验的类型

在教学中，体验可以从内容和层次两个维度进行分类。从体验的内容来看，体验可以分为符号认知体验、逻辑思维体验和情感价值体验；从体验的层次可以分为感官体验、反思性体验和高峰体验。从这两方面进行分类：一方面，是明确体验的重点；另一方面，是明确体验的深度和意义。只有对体验进行分类，在体验式教学中才能有的放矢并将之作为评价的基础。

1. 符号认知、逻辑思维和情感价值

体验按照内容可以分为符号认知、逻辑思维和情感价值三方面，这三方面并不是割裂开来的，在体验式教学中，这三方面的发展是彼此联系，相互促进的。

（1）符号认知体验。符号认知体验即通过体验获得符号性知识，对符号认知的体验强调的是体验学习的结果，即通过体验式教学让全体学生对某种符号知识获得一致性认知。与逻辑思维体验和情感价值体验不同，符号认知体验最大的特点在于需要学生在对某种认知理解上达成一致，而逻辑思维体验和情感价值体验则更加开放，更包容学生的个性化发展。

此外，符号认知体验与授受式教学中的符号认知学习有所不同。在授受式认知教学中，知识作为有待学习的对象呈现给学生，教师的作用在于将作为客体的知识教给作为学习主体的学生，学生听从教师的讲授并通过一定的练习来巩固知识，这样的学生学习的是一种静态的、客观的知识。在符号认知体验中，学生直接融入需要掌握的知识之中，学生和知识之间的主客体关系消解，学生主动理解知识，将知识纳入自身认知体系，并在实践中运用和巩固知识，这样学生获得的是动态的、有自身意义的知识。

体验式教学有助于加深符号学习的印象，但是体验式教学不是另一种以符号学习为最终目标的教学方式，更不是一种加深认知印象的记忆策略。体验式教学的目标最终落足于学生的发展，这种发展是多维性的，并不单纯指认知能力的发展，而是学生素质的全面发展，这种促进学生素质发展的体验，主要体现在体验式教学的符号认知体验与其逻辑思维

体验和情感价值体验是相联系的，最终原因在于学生的亲身参与。

（2）逻辑思维体验。与符号认知体验注重结果不同，逻辑思维体验更加注重过程，更加注重学生在体验过程中逻辑思维的展开和发展，与之相适应的是，学生通过逻辑思维体验所获得的结果可能有所不同，学生可能体验到不同的逻辑思维方式，并达到殊途同归。但是，只要学生逻辑思维体验本身是合理且有价值的就不应该被否定。例如，在学习鸡兔同笼的问题的时候，有的采用列表法，有的采用方程法，有的采用假设法，学生通过不同的方法解决同一个问题，获得相应的体验。与之相适应的是，逻辑思维的体验必须加强学生相互交流，实现体验的碰撞，这样才能避免学生满足于现状，故步自封。除此之外，逻辑思维的体验不仅是对某个应用题的解答方式，更重要的是学生在面对一个真实情境问题的时候，表现出来的解决意识和方法，学生的逻辑思维可能并不能直接取得某种结果，但逻辑思维过程本身就体现了学生的体验价值。

（3）情感价值体验。情感价值体验主要关注学生对事物的理解以及学生的态度。学生的情感价值直接关系到学生的生活态度和幸福感并深远影响到学生的发展。但是，现有的教学对学生的情感价值是不关注的，甚至是漠视的，习惯的做法是教师不断对学生提出要求，学生不断完成教师的要求，这种方式下，学生可能约束了自己的行为，但是这并不代表学生认同这种行为，甚至在这种方式下，学生逐渐放弃了质疑和反思。所以情感价值体验是非常重要的，而在体验式教学中，无论教学目标在何处，总会触及学生的情感，因为体验的实质就是情感始终参与其中，让学生能直面和反思自己的选择。

以上对体验的内容进行了区分，但是这并不是说体验只产生其中一种结果，体验产生的结果一般是这三种内容的结合。例如，学生在学习分数时，通过分月饼来学习和理解二分之一，并以此理解了平均分是分数的基础，这属于符号认知体验；而学生利用圆形和正方形的纸片进行折叠和涂画，分别表示四分之一，学生有不同的折叠方式，这体验了学生不同的逻辑思维，在学生的体验活动中，学生不同的逻辑思维得以碰撞和交流，这属于逻辑思维体验；学生通过列举自己生活中和分数相关的例子，唤起已有生活体验的方式，引发分数意义性的共鸣，这属于情感价值体验，即理解分数的生活意义和价值。这三方面的体验结合在一起实现了体验式课堂的完整目标。成功的体验式教学应该是这三种体验的结合。

2. 感官体验、反思性体验和高峰体验

体验很容易获得，只要融入特殊的体验式情境，就一定会有相应的体验，但是这并不意味所有的学生都能获得同样层次的体验，有的学生获得的体验可能是表层的，有的学生获得的体验层次则较深。

（1）感官体验。感官体验是指学生在与环境作用过程中通过感官直接获得的体验，即学生在融入体验式环境之后，不需要深入思考，直接感知到的就是其体验到的，这有些类似于直观的知识的学习。例如，为了让学生知道树叶的特征，让学生在户外自己观察树叶，学生观察了不同的树叶之后了解了树叶的颜色、形状、大小。学生在直接接触中获得了感官体验，并能够用自己的语言总结出树叶的特征。

（2）反思性体验。反思性体验是指学生在感官体验的前提下积极反思，将自身原有体验与新体验相互作用。这种反思不是一次性的，也不是学生独立完成的，学生必须在感官体验之后进行反思，并根据和其他学生的交流不断完善自己的理解，并帮助他人反思。换言之，学生的反思必须在调动自己理性思维的同时打开心扉，积极倾听他人的意见，并且这种反思并不会因为体验活动的结束而结束，这种反思会在学生的生活中一直持续。

感官体验帮助学生获得最表层的认识，而反思性体验则可以帮助学生理解事物实质，以及事物对自身和他人的意义。体验只有上升到反思的层次才能帮助学生澄清事物的价值，建立事物和自身的联系。还是以感官体验中体验树叶特征为例，在获得了感官体验之后，学生在交流中会发现他们观察到的树叶在颜色、形状、大小方面有所差异，学生去发现这些差异在哪些方面，然后总结出其中的共性，甚至学生想要知道造成这些特征的原因。这样感官的体验就上升到反思性体验，学生体验的层次就更深了。

（3）高峰体验。"高峰体验是一种情绪体验，即每个人在生命中感受到一种发自心灵深处的战栗、欣快、满足、超然的特殊经历，由此获得的人性解放，心灵自由。"① 教学中的高峰体验是指学生在体验中达到了自我实现，即接近最真实的自我，由此产生了强烈的敬畏情绪和幸福感，整个人欣喜若狂、如痴如醉、快乐至极。学生通过体验式教学，不仅以知识参与者的立场将知识进行意义化的内化，而且在这一过程中发现了自己的乐趣，获得极大的快乐和自信，充分肯定自身的价值，达到了自我实现，并由此生出强烈的幸福感，这是体验的最高层次，这种层次的体验是体验式教学的理想状态。这种高峰体验虽然就其特点来说具有短时性，但是高峰体验带给学生无限的幸福之感和进一步学习的欲望，这是体验式教学的最高艺术。

二、体验式教学的特征与意义

（一）体验式教学的内涵

在体验式教学中，可以从两个层面来理解体验：①作为动词的体验，这是指行为主体

---

①王芝君．多元教学策略开启"高峰体验"［J］．北方音乐，2020（22）：187.

亲身投入与环境的互动；②作为名词的体验，这是指学生亲身经历的产物，即这种亲身经历对学生身心的影响。体验式教学是指让学生通过体验进行学习的教学，在这一过程中，学生以自身需求为促发，积极投入与体验环境的互动，在亲身经历的过程中，通过肢体活动和大脑思维，在个体反思和集体交流中建构知识的意义。在体验式教学的过程中，学生的附带知觉、直觉思维和创造性思维得到尊重和展示。通过体验式教学，学生的认识获得主客合一的效果。

（二）体验式教学的特征

体验式教学作为一种独特的教学方式，有其自己的特征，具体特征如下：

1. 亲历性

（1）体验式教学的起点就在于学生的亲身参与，这种亲身参与不仅是肢体的投入，还包括心的投入，即将"身体"和"心验"结合起来。

（2）在体验式教学中，每一个学生都是学习的主人，学习的权利落实到学生身上，这意味着每个学生都必须为自己的学习负责，学生必须主动参与。除此之外，这种亲历性还体现在体验学习中的全员参与，在体验学习中，班级的每一个学生都参与其中。

2. 情感性

体验式教学和其他教学方式相比较最重要的一点就在于其对学生情感的注重，一方面，体验式教学强调调动学生的情感，将之作为促发学习的内部动机，在教学过程中帮助维持和激励学生体验；另一方面，体验式教学注重学生情感的生成，关注和保护学生情感健康发展。

3. 过程性

体验式教学的精髓并不仅在于学生获得了某种发展，还在于学生获得发展的过程，这一过程直接帮助学生澄清其情感、兴趣、需要和能力，帮助学生更好地理解自己和他人。同时，教师通过这一过程更好地了解学生，帮助学生解决体验中的问题，促进学生克服不同的难题。所以，对体验学习的评价不能将结果视为唯一焦点，还应关注学生在体验过程中的表现。

4. 生成性

体验式教学并不将教学目标局限于教案的条目上，而是关注体验的生成，在体验式教学中，学生不同层次、不同角度的体验不断生成，这表现为学生的体验是动态的，体验并不单纯作为教学的结果，而是一系列体验的互为因果的生成。

5. 开放性

体验式教学是一种开放式的教学，是一种突破统一标准、统一方法、统一发展的教学。体验式教学的开放性：一方面，表现在学生在体验过程中是开放的，学生的体验不是自我封闭起来的苦思冥想，而是在交流与合作的基础上充分利用集体智慧；另一方面，学生学习的结果是开放的，除了学生的学习结果个性化，还表现在学生的学习结果不是固化的，还可以在学生以后的学习和生活中不断自我完善。

6. 个性化

体验式教学意味着学生在学习的过程和学习的结果上是个性化的。由于学生的生活经验和个人兴趣、需求的个性化都影响着学生在体验学习中的表现，学生可以根据自身偏好选择学习的过程。在学习结果上，体验学习允许更丰富多样的个人色彩，并不强调所有的学生在所有方面都达到某种程度的发展。在体验式教学中，学生张扬个性、磨砺性格、生成智慧，这一切都促进了个性化的生命的发展。

7. 反思性

体验式教学要求学生将"身体"和"心验"结合起来，仅仅停留在"身体"阶段的体验是粗糙的，是体验的低级阶段，意义的生成和情感的形成必须要求"心验"，"心验"离不开学生的反思。因此，体验式教学要求学生在参加体验活动的基础之上必须有所反思，这种反思让学生明确体验的结果，并澄清产生这一体验结果的原因和过程。除了个体反思之外，体验式教学提倡在集体对话、合作基础之上的反思，以促成学生体验的碰撞、完善和深化其体验。

（三）体验式教学的意义

1. 体验式教学对学生发展的意义

（1）激发内部动机。体验式教学之所以能激发学生学习的内部动机，有以下原因：

第一，体验式教学注重学生的情感因素，学生情感贯穿体验式教学的始终。体验式教学一开始就调动学生已有情感作为教学的开端，并在这一过程中，学生的情感一直起调控的作用，学生的情感帮助学生进行选择，影响学生的反思并最终作用于学生体验的结果，无论学生的情感是积极的还是消极的，一旦有情感的参与，就能激发学生的内部动机。

第二，体验式教学尊重学生的主体性。体验式教学不是灌输式的，不强迫学生接受某种观点，而是让学生在体验的过程中不断地自由选择，体验使学生能够用自己的方式来获得同样的符号知识，起到殊途同归的作用。这样保证了学生自由的空间和选择的权利，让学生意识到自己对学习过程的控制力和学习中的自主权，因而也要对自己的学习负责，这样，在学生把握自身的自主权的同时，学生的内在动机得到激发。

第三，体验式教学鼓励学生完成知识意义的个性化。体验式教学是一种开放式的教学，学生完全能够根据自己的生活环境和已有体验完成知识的内化，并在此过程中赋予知识意义自己的个性，让知识真正成为与学生和生活世界相联系的桥梁。因此，体验式教学能够激发学生的内部动机。

（2）促进素质发展。素质具有不可传递性，学生自身的能动活动才是学生素质发展的机制，基于能动活动的学习过程的特征在于自主建构、能动创造和生成体验，并且体验在人的素质发展中起核心作用。体验式教学能够极大促进学生在此过程中自主建构、能动创造生成体验。

第一，素质的全面发展必须是自主建构的。如果不意识到这个问题，那么学生就只能是待加工的对象，而不是主动发展的主体。素质的发展也是如此，体验式教学在整个教学过程中都强调情感的作用，强调学生的内在动机，强调学生自我意识在场，有助于学生认识到自身素质发展的问题并最大限度地调动学生的发展动力。

活动主体的素质结构分为倾向素质、调控素质、效果素质、身体素质四方面，其中，倾向素质的核心是主体的需要及表现形式；调控素质是主体认知、情感、意志等方面能够在主客体相互作用中起到调节主体活动的素质；效果素质则强调主体活动要符合社会规范；身体素质是以上心理素质的物质前提。其中，倾向素质和调控素质最为重要，但是经常在教学实践中被忽视。体验式教学可以没有障碍，同时，实现这四种素质的均衡发展。在选择性注意的时候，学生能澄清和完善自己的倾向素质，在体验过程中，学生必须调动调控素质，在反思交流中学生进一步巩固效果素质，而体验式教学往往伴随身体的自由活动，因此也有助于学生身体素质的发展。体验式教学的目标就在于从素质结构的四方面让学生得到均衡的发展。

第二，素质的全面发展离不开能动创造，素质的发展必须有主体主动积极地参与，在体验式教学对学生情感和自我意识非常重视，并唤醒学生的自我责任，在宽松的环境中，学生能够主动发起、调控与客体的相互作用，不仅在学习的过程中能够能动创造，在学习的结果上也能够根据自己的新体验和已有体验进行能动创造。

生成体验是体验式教学的直接结果，而且在体验式教学中，生成体验不是最终的结果，而是在整个教学过程中不断生成，经由学生的交流和反思不断完善体验，学生最终能够获得理解，最终将之转化为内在的稳定的素质。

（3）学会自我教育。任何触及灵魂的教育归根结底都是自我教育。体验式教学基于学生需要、面向学生生活、尊重学生选择，充分调动学生学习的主体意识，极大保证学生学习的自由，最大限度地创造学生学习的空间，以此保证学生的自我教育。在这一过程之中，学生基于自身需要和面临的实际问题主动思考、积极行动、自我监控、及时反馈、自我评价，学生通过不断自我认识、自我调控、自我优化来进行自我教育。

（4）沟通生活世界。生活世界一方面是指对人生有意义的，且人生活在其中的世界；另一方面是指人生的过程、人的生成与发展的过程。这说明生活世界在空间上是一个主客统一的世界，在时间上则主体发展的过程。而体验式教学中将空间和时间两个维度的生活世界统一起来，在空间上，体验式教学消除了旁观者的教育方式，学生与有待认识和理解的客体不再是分裂的，学生在体验情境中，主动参与其中与客体相互作用，学生不再是客体的旁观者，而是参与者，达到物我两忘、心物统一；在时间上，体验式教学不以结果取人，而是强调学习的过程甚于结果，体验式教学尊重学生的基于生活基础的偏好，让学生能够在体验的过程中调动自己原有的基于生活的体验。

（5）帮助自我实现。马斯洛的需求层次结构①把自我实现放置在人的需求金字塔的顶端，自我实现是指人对于自我发挥和自我完成的欲望，也就是一种使人的潜力得以实现的倾向。自我实现就是人成为其内在倾向需要其成为的一切，人因此获得整体性和独特性的发展。

在学生意识到其自身与对客体的兴趣及发现自己与客体的关系之中，不断理解其自身与社会环境、自然环境的关系。并能通过表达自己的理解，获得社会性支持，以自身能力及社会性支持进行行动。换言之，体验是主体在与客体的作用之中逐渐消除主客二元对立，主体在不断认识客体的同时建构客体对主体的意义，并将之内化为主体意识的一部分，并将之作为主体发展和自我实现的基础。

体验式教学促进学生的自我实现主要体现在以下几方面：

第一，体验式教学促进学生的自我澄清，学生在体验式教学中拥有的自由和自主权让其必须意识到自身想要什么、想要怎么做，在这一过程中，学生不断理解自己的兴趣需求和能力，也就是自己的动机和行动力。

第二，体验式教学促进学生理解生活世界，在体验式教学中，知识本身的意义得到挖掘，学生以此作为了解生活世界的窗口，学生的课堂再也不是与生活相割裂的，相反，而是相互统一相互作用的。

第三，在体验式教学鼓励交流和反思的氛围中，学生在与其他同学的交往中不断相互作用，获得对他人的理解。

第四，学生在体验式教学中拥有表达的权利，学生在获得理解的基础上能够表达自身

---

①马斯洛的需求层次结构是心理学中的激励理论，包括人类需求的五级模型，通常被描绘成金字塔内的等级。从层次结构的底部向上，需求分别为生理（食物和衣服）、安全（工作保障）、社交需要（友谊）、尊重和自我实现。

的需要和兴趣，并通过他人对自己的理解寻求他人支持。同时，形成自身的行动能力，他人的支持又成为学生自我实现的外在动力。

2. 体验式教学对教师发展的意义

体验式教学不仅对学生发展具有价值，对教师发展而言也具有重要意义。

（1）体验式教学能促使教师更新教育观念。教育观念是教师的专业素质的基础，但教育观念不是亘古不变的理想体系，哲学、心理学和社会经济、政治的最新发展要求教师不断变革其教育观念，适应社会发展变革的需要。体验式教学使教师在教学实践中真正做到关注生命、关注个体，真正理解学生是学习的主体和发展的主体。

（2）体验式教学给予教师更多空间，允许教师发挥个性特色。体验式教学中的体验不仅是学生的，也是教师的，教师和学生共同体验，并且与学生的体验碰撞，除此之外，教师对体验教学的组织直接影响学生的体验情况。因此，体验式教学允许教师发挥个性特色的同时对教师素质提出了更高的要求。

3. 体验式教学对教学改革的意义

任何一种教学方式都不能独立地完成所有的教育、教学目标，因此教学方式的多样化对教学改革是十分必要的。教育强调学生主体，强调学生学习方式的变革，强调师生关系的平等合作，但是，目前学校中主导的授受教学方式无法完成这些任务，体验式教学正是抓住现有教学中的弱点，有的放矢地改变教学中需要突破的传统。这并不是说体验式教学是一种无与伦比的教学方式，也不是提倡用体验式教学取代一切教学方式，而是说体验式教学可以作为一种补充，弥补现存教学方式无法取得的效果。

三、体验式教学的组织

（一）教学环境的组织

作为体验式教学发生的空间，体验式教学环境必须能够引发学生体验，包含学生体验的方法和指导，尊重学生体验差异，帮助学生验证体验，学生能在开放的环境中交流其体验，允许学生不断完善体验结果。

1. 教学环境组织的特征

具体来说，体验式教学的环境具有如下特征：

（1）体验式教学的环境具有促发性。能够引发学生体验，即体验环境是真实有效的，能够触发学生的体验，这要求体验环境必须能立足学生的需求和能力，能够激发学生的兴趣和问题。

（2）体验式教学的环境具有指导性。包含学生体验的方法和指导，这是说环境本身就应该具有支撑学生持续体验的要素，如果只是提供一个时空，让学生体验，那么学生很可能抓不住体验的重点。因此，体验的环境必须包含一定的方法和指导，让学生能够及时调整体验行为。

（3）体验式教学的环境具有包容性。尊重学生体验差异，体验的开发性是激发学生个性和创造性的基础，因此，体验的环境不能是僵硬的，必须能够包容和肯定学生的个性化体验，以此作为促进学生个性化发展的基础。

（4）体验式教学的环境具有反馈性。帮助学生验证体验，体验的环境本身应该具有反馈功能，这样，学生才能及时根据环境反馈做出调整，使体验活动不流于形式。

（5）体验式教学的环境具有合作性。学生能在开放的环境中交流其体验，这是说体验不是单个学生独自封闭进行的，环境必须为学生相互交流相互学习相互鼓励相互督促提供机会。

（6）体验式教学的环境具有连续性。允许学生不断完善体验结果。体验环境应该是连续的，应该不断让学生有机会验证其已有体验，完善体验。

2. 教学环境组织的分类

（1）物理环境的组织。体验式教学对学生学习的物理环境提出了要求，即体验式教学在学生、教师、教学软硬件设施的种类、数量的组合方式上有一定要求。物理环境在一定程度上直接影响心理环境，具体体现在以下几方面：

第一，班级规模。参与的体验式教学的课堂研究人数都在 19～35 人，在我国 35 人以下的班级称为小班。人数越少的班级越有利于体验式教学的实施。较小的班级规模让每一个学生都能得到教师的关注，教师有时间观察每一个学生的体验活动，及时发现问题并给予指导；同时，由于人数较少，每一个学生都有发言的机会，无论是提出自己的问题还是解答他人的问题。另外，较少的班级人数使得学生之间的相互交流更加深入和广泛，学生不必淤泥于几个伙伴团体，而是能够与班上的其他伙伴及时交流。

第二，座位安排。座位的安排对于学生参与体验的方式以及学生之间的交流合作有很大的影响，在体验式教学的课堂上，学生不仅采取传统的秧田式，还采用了围坐式、马蹄式等座次安排。

具体说来，座次安排要考虑到：①座次的安排要有利于学生的交流与合作，在体验式教学的开放性要求学生之间必须做到交流与合作，座次的安排要尽量方便和促进这一点，同桌邻座和同组围坐的方式是最主要的方式；②座次安排要考虑学生的特点，不宜将胆怯内向的学生安排在一起，能够活跃体验的积极分子应平均分布于教室；③座次安排要考虑学生的学习基础，在某方面有特长的学生应和这方面较弱的学生配合，否则学生同桌或者小组合作的时候，容易出现两极分化。

第三，教室的布置。教室的布置应该营造出体验的氛围。除了专门为某一堂课进行的教室布置以外，教室日常的布置也应该照顾学生体验。有的班级以摘星行动为主体，用各种形状、大小、颜色的星星来装饰教室，并在课堂上用星星作为对学生的奖励。

第四，教学空间。体验式教学的空间不仅存在于教室之中，还存在于教室之外。体验式教学应有效将这两种空间结合起来加以利用。例如，在学习以"秋"作为主题的古诗时，教师可以有计划地引导学生欣赏校园的秋景，让学生获得对秋的直观感受，使学生的语文学习与鲜活的秋天的美景联系起来，学生面对的不再是抽象的文字，而是鲜活的自然。

（2）心理环境的组织。体验的发生自始至终都伴随着学生的情感、直觉和个性因素等隐性学习因素，必须营造适当的心理环境，才能有效促进学生积极体验。体验式教学的心理环境具有以下特征：

第一，安全，不仅是学生在教学中身体的安全，还包括学生内心的安全感。这种安全感让学生可以在没有顾虑的情况下投入体验。

第二，包容，这种包容让每个学生都能正视自己的体验，肯定自己的价值，更有利于教师发现学生的真实体验。

第三，轻松，让学生在宽松的环境下积极体验，让学生自觉主动地体验，而不是将体验作为教师强加于学生的活动。

第四，友善，友善的心理环境包含两方面：①良好的师生关系，教师关爱每一个学生，学生尊重自己的教师；②良好的生生关系，学生之间相互关爱，相互鼓励、帮助、监督。

（二）教学过程的组织

1. 提出体验项目，创造体验环境

提出体验项目，创造体验环境是体验式教学实施的第一阶段。体验项目，是基于教学目标提出的实现教学目标的体验的内容和相应的教学目标的实现，由教师在备课时根据教学目标和学生特点以及具体的教学条件提出，体验项目可以是一个，也可以是一系列体验项目组成前后关联、循序渐进的体验链，服务于总体的体验教学的目标。在体验项目明确之后，教师应预设体验项目得以实施的体验环境。在课堂开始之初，教师应积极帮助营造符合体验特点的环境。

在以轴对称图形为教学内容的课上，教师提出如下体验项目：

（1）蒙眼睛贴耳朵。教师出示少了一只耳朵的米奇图片，请同学蒙着眼睛将米奇的另一只耳朵贴上，引出轴对称的主体并引导学生初步感受对称的广泛性和美学价值。

（2）出示实物。昆虫标本、树叶标本、天平、剪纸作品，通过观察引导学生初步体会轴对称的特征：两侧分别对应相同的图形叫作轴对称图形。

（3）观看剪纸录像，自由创作轴对称的剪纸作品，请学生展示并讲述自己创作的方法，总结创作规律：对称的剪纸图形必须满足中间对折，两侧完全重合的条件。教师引导学生用规范的数学语言抽象出轴对称图形和对称轴的概念。

（4）学生找出自己熟悉的轴对称图形，并说明其对称轴。学生可以找出桌子、黑板、窗户、尺子等轴对称图形，并说明其对称轴。这起到在实践练习中深化概念的作用。

（5）学生自己或者伙伴合作，摆出轴对称图形，其他同学评价摆出的是不是轴对称图形。学生再一次练习，并直接参与评价。

（6）作业。教师出示符合轴对称的建筑的图形，学生欣赏之后设计符合轴对称图形的建筑轴。

在这个过程中，学生既能体验轴对称图形的工具价值，又能将体验轴对称图形的生活价值和美学价值结合起来。这样，从感知、领悟、理解、运用四个层面让学生在生动活泼的体验项目中感受到数学源于生活、数学服务生活、数学装点生活。

2. 学生浸入体验，形成初步感悟

体验式教学的关键在于学生的体验，引导学生主动浸入体验，让学生在体验中形成初步的感悟是体验式教学的第二阶段。在这一阶段中，学生理解了体验的环境，并积极作用于环境，并得到初步感悟，也就是完成较低层次的体验。学生可能获得某种直观知识或者直接触发某种情感，但是，还没有将之转化为较高层次的逻辑体验和幸福体验。学生浸入体验可以是学生的个体行为也可以是学生的集体行为。这一阶段，根据不同的体验项目，可以组织学生的个体体验或小组体验。

在认识圆的课中，学生在没有圆规的帮助下画圆、剪圆之后，教师请同学们发表创造圆的感受。有的学生在画圆的时候，感觉太难；有的同学说画圆比画三角形难；还有的同学按着透明胶的圆圈画了一个，可是透明胶动来动去的，老是画不好，头和尾是歪的。学生们讨论过之后认为圆是弯的，不是直的，所以比较难画。

学生可以在体验的过程中真实地反映出圆和以前学过的由直线组成的图形是不同的，圆是曲线围成的，圆是封闭的。也许他们无法用准确的数学语言表达，但是他们已经有了真实的感知和思考。

3. 学生个体反思，集体合作交流

学生个体反思，发生在学生在体验活动之后，这是指学生必须对自己的初步感悟进行总结和质疑，学生不仅能说清自己的感官体验，还能总结出自己有这些体验的原因，并根据已有的知识和自己的偏好，将之条理化和系统化。

学生反思之后，集体的合作交流给学生展现自己的体验成果的时间和空间，在集体交流合作中，学生不仅能够展示自己，获得体验的快乐和自我的价值认同，还能在自己的倾听和表达中，获得别人的理解并更好地理解别人，使自我意识和他人意识进行碰撞。除此之外，这种集体合作交流，让学生真正成为课堂的主人并发挥集体的作用。因为在这一过程中，学生相互检查，发现问题，共同解决问题，互助互学。课堂上人人都是教师，人人都是学生。

同时，在创作的过程中，学生不是相互孤立的，而是不断相互交流的。因为无论是同伴合作创作还是个人创作，在这种相对自由开放的环境中，学生的相互建议和相互学习很容易实现。

4. 学生生成体验，分享体验成果

学生在体验活动、反思和交流之后将会生成体验，学生的体验是一致性和差异性并存的。这是因为体验式教学既要完成教学目标，又要关照学生个性差异。如何了解学生体验的一致性是否实现，学生体验的差异性在哪里，也就是如何获得学生体验的反馈，必须从学生表达其体验的方式着手，课堂发言、生生交流、课后作业等都可以体现学生的体验。而在课堂上，这主要表现在学生分享体验成果这一环节上。这是因为，学生分享体验成果一方面，可以帮助教师获得学生是否获得相关体验的信息；另一方面，也是学生相互理解，激励学生再体验的契机。学生大胆表达、分享其体验成果，不仅总结出其体验的相似之处，并且可以学会理解和欣赏他人的不同体验。

在数学课中，教师让学生用正方形和长方形的纸片表示四分之一。学生纷纷展示了自己表示的四分之一。有学生通过对折的方法，还有的通过画线的方法，无论是哪一种方法，学生都用自己的方式获得了对四分之一的了解。通过学生展示其体验成果，其他学生们很容易理解两个问题：①四分之一是把一个物体平均分成四份，其中一份是这个物体的四分之一；②并不是所有的四分之一都是相同的，一个大正方形和一个小正方形都有自己的四分之一，可是这两个四分之一是不一样的。

在上述过程中，学生生成的对四分之一的体验都通过学生用不同形状表示的四分之一表现了出来。课堂的教学目标基本都得到了实现，学生们都理解了四分之一以及如何表示事物的四分之一。除此之外，学生们表示的方法各有不同，但只要方法是符合平均分的概

念，就应该予以肯定，每个学生可以根据自己的喜好选择表示四分之一的方法。

四、体验式教学的评价策略

（一）评价指向发展

体验式教学的评价目的并不是为了区分学生的层次，不是为了实现选拔和淘汰功能，而是面向全体学生的发展。作业和考试等传统评价方式，这些书面表现的形式只能考查学生对知识的记忆度，而体验式教学本身就着眼于学生素质的全面发展，因此在评价中，必须全面关照学生的素质，必须从学生的倾向素质、调控素质、效果素质、身体素质四方面全面评价学生的发展。

（二）评价面向过程

体验式教学的意义很大程度上体现于体验的过程之中，因此，不能只根据结果来进行评价。评价学生在体验式教学的表现可以从以下几方面着手：

第一，学生在体验式教学中的关注度，即学生是否真正积极参与了体验活动，学生是否将注意力集中于体验之中。

第二，学生在体验式课堂中的活跃度，即学生在体验式教学中的积极性，学生活动的主动性，学生的提问和发言情况，学生乐于与其他学生交流合作的情况。

第三，学生在体验式教学中表现的创造性，学生是否能够在体验活动中另辟蹊径，或者提出个性化的问题。

第四，学生在体验中的情绪是否积极。

（三）评价主体多元

体验式教学的评价不仅是教师对学生的评价，还是学生相互之间的评价。在体验式教学过程中，学生之间形成基于共同目标的互动整体，学生之间在倾听和表达，以及交流合作的过程之中，可以进行相互评价。特别是在体验式教学的过程之中，学生之间自发的评价对学生来说具有激励的作用，并且能够引导学生关注其他同伴，同时，这种伙伴之间的评价能够增强在体验学习中的责任和快乐。

在实践的过程中，教师评价学生的话语由"教师觉得学生做得很棒"变成问学生"大家觉得学生表现得怎么样"这一提问方式的变化，让学生都参与到评价之中，不仅调动学生的注意力，还激发学生的判断力和表达能力。除此之外，学生之间的评价能够破除唯教师的局面，让每个学生都感受到自己对课堂的价值和意义，感受到自己参与课堂的能力。

（四）随机生成评价

体验式教学的评价必须面向过程，这也要求评价必须能够随机生成，教师不能仅仅根据教学目标给予评价，还应能够及时回应学生表现。因为体验式教学中，学生活动的自由度和空间较大，所以给予随机生成评价的频率也比较高，教师必须能够关照学生表现，及时给予学生相应的评价，一方面，利用评价鼓励学生，让学生能够以更积极的态度投入体验；另一方面，利用评价引导学生，帮助学生进一步融入体验活动。

（五）评价方法多样

传统的评价依赖纸笔，无论是作业还是考试，都是以纸笔为依托的评价方式。教师们在课堂上可以运用丰富多彩、各具特色的评价方式，除了教师对于学生的表现及时给予表扬，教师还可以运用棋子、星星等学生感兴趣的实物奖励学生，这些奖励不仅是对学生个体的肯定，还是对学生所在小组的嘉奖，将学生的个人表现和集体联系起来，增强学生的表现欲望和集体荣誉感。

（六）自我参照评价

行动得体的最根本方法在于个人的自我审视，也就是一个人要不断评价自己，认识自己，并且以此作为自我完善的基础。因此，"自省"应该成为一种常规的评价方式。在体验式教学中这一点体现为自我参照评价，即学生参照自己过去的表现，对自己的体验过程和体验结果进行评价，这种评价方式的优越性主要体现在对学生的充分尊重和对学生潜能的充分激发上面。由于学生天赋、能力和已有基础不同，盲目要求学生在所有的方面都有某种程度的一致性表现是不合理的。

例如，一个具有美术天赋的学生和一个具有运动天赋的学生比赛跑步，前者可能付出比后者更多的努力却依然落后于后者，如果没有自我参照评价，学生很可能感觉到自己在跑步方面无能为力，他可能因此不再对跑步具有信心并放弃在这方面的努力。但是，引入自我参照评价之后，只要多练习，具有美术天赋的学生依然能在跑步上面有所进步。而这个进步是建立在自我超越的基础之上的，这样，学生才能深刻体会到努力的价值。因此应该认识到，学生只要尽力而为，做到最好的自己，在其原有基础上获得了与自身某方面能力相匹配的发展，就应该受到肯定和赞扬。

第二节　小学道德与法治课体验式教学的解读

一、小学美德与法治体验教育的内涵及运用

（一）小学道德与法治体验教学的内涵

体验式教学法，从宏观方面来说，是一个教育思想；从中观方面来说，是一个教学方法；从微观方面来说，是一个具体的方法。对于这一定义主要有以下观点：

第一，将体验式课堂作为思想或理论基础。有效使用这些方式的关键在于具体的实际，使学习者在实际或模仿的语言教育活动中，得到语言体验、反省总结、增强自信、体会学到的喜悦、享受成功的喜悦。

第二，以体验课程系统作为教学模式。感受式外语课堂教学，即 4E 教学模式，参与、愉快、环境，活动是基石，环境是基本保障。之后形成了 6E 式体验课程系统，6E 具体指的是感知、启发、活动、愉快、环境、共鸣，是一个由内向性外、由浅入深、逐级递进的体系。

在学校教育实务中，教学者以特定的基础知识为启发，有针对性地设计教学活动环节，充分调动学生的情感，同时，给予其必要的启发，让其亲身去感悟、领悟基础知识，从而在实际操作中得到检验，进而真正形成有独立思考能力、知情合一、富于创造性的全面发展的人的模式。这个倡导从多种视角出发对体验式教育进行了界定，并突出了情感的亲历性、情感性、情境性等特征。

第三，以体验课程作为教学方法。体验式教育尤其强调认知与学习者相互之间的沟通和互动性，关心的是参与性深度包括个人间、个人与认知间各方向的互动性，并不关心统一的认知，而强调个性的发展，收获各不相同。这种主张尤其强调个人和教材间双方面的沟通，获得独特的经验，突出对个人特点的重视。

第四，把体验作为教学思想、教育理论、教学措施的手段，也正是将教学者作为营造教育环境的手段，使我们置身其间，用亲身感受的方式去掌握知识，发展技能、对策。这个说法从宏观、中观和微观的各个角度确定了其内在意义，是一个概括型的理论。

在借鉴了以上研究成果和观点的理论基础下，把体验式教育定义为：教育基于道德与法治教育目标，立足于学生现有的知识基础与现实需求，依据学生的生活实际情况、心理成长规律和教材内容，创造教育环境、创设任务或活动形式，让学生通过亲历实际活动，

感受、体验、产生情感、建构价值、掌握知识、习得技能，意识内化于心，教育外化于行的教学模式。

在新教学中，传统教育方法就更加重视学习者的主体作用，提倡采取有充分开放性，同时兼顾学习和探究的新教学方法，目的就是把最简单的法律知识和法制常识，通过大家所认知的现实场景，渗透到大家的日常生活和学习行为中，进而启发学习者从生活实践中思考，培养自己优秀的思想素质，进而提高自我法制观念。新课程更加强调体验式课程的实践运用，通过亲身感受的方式调动学生对知识的渴望，帮助他们主动去探究学习，在掌握知识点的同时，加深对事件的认识，最后形成各种不同的观点。

对于体验式教学法的认识，要注重体验的过程，学习者在教育活动中处于主体地位，而教学者在这个过程中起到的是领导者的作用。在道德与法治这门课程的教学中，教学者会帮助学生选择适当的教育环境，并运用适合学生的教学方式，去深入挖掘学习者在生活和学习中的积极性，激励和启发他们在生活中去感悟和反思课本中的道德与法治教育，以此形成自身的品格教育过程，并将这种品格教育应用于实际生活中。

（二）体验式教学法在小学道德与法治课上的运用特征

1. 学生参与的主体性

"开展体验式教学可以让教学活动建立在学生的生活经验上，有助于培养学生的道德意识和法治意识，可以提升教学的成效。"[①] 在实际教学中，教学者教学的对象、学习的主体都是学生。教育教学所进行的活动都要以学生为核心，将促进学生自身的发展作为教学的主要目标。体验式教学法的特点是设计符合学生实际的教学情境开展教学活动，让学生在学习的过程中具有身临其境的体验，进而形成自身的切身感受，加深对事物的客观认知和感悟。小学道德与法治课体验式教学法的核心在于对教学情境的拓展设计，让学生以生动的情境、各种各样的活动来建立学习的氛围，在氛围中去理解所学的教学内容，逐渐形成自己的感悟圈，并慢慢进行发散思维，去内化自己的体验内容，建立完善法治观念体系，形成符合自身品质的心理结构，之后在教学者的合理启发下，对学生的内心进行强化，并带领学生进行实践研究，将其称为学生的法治信仰并践行于生活之中。

教学者一定要明确学生的主体地位，在体验式教学中不要一味地沿袭传统的教学方式，要创新性地激发学生的主体、思考的能动性，将"以教学者为中心"的传统教学模式转向以"学生体验"为中心的教学模式，这样更加能够帮助学生形成自己的价值观，因此，教学者要注意，在进行道德与法治的教学过程中，以启发为主，发挥学生的学习的积

---

①龚丽燕. 小学道德与法治课程中体验式教学策略的运用探析［J］. 智力，2023（03）：131.

极性与主动性，将被动学习逐渐转向主动学习。

2. 注重学生的亲历性

亲历性指的是在学生亲自体验的过程中，学生会产生内心情感活动的转化。在体验式教学中，教学者要关注学生对待事物的亲历性，主要体现在以下几方面：

（1）着重关注心理方面的情感亲历，在道德与法治课堂中，体验式教学能够让学生在活动中自始至终都贯穿着情感体验，挖掘得越深入，得到的感悟就越深刻，这种情境下形成的道德信念才能进入学生的内心，让其铭记，并能将其所学实践于生活学学习中。总之，在小学阶段的道德与法治课程中，情感体验式教学是最能打开学生心扉的方式。

近年，我国在教育课改方面进行了一些改革活动，其中，对学生价值观、态度和情感的培养成为课改的重点，在体验式教学活动，对价值观和情感的教学已被列入了课堂教学目标之中，目的是让学生通过教学活动进行知识的深入理解，并在实践锻炼中形成由内而外的道德品质。要想达到深刻的体验感悟，就必须让学生在教学活动中真正投入内心的情感成分。

对教师教学而言，在体验式教学中，在进行教学活动的设计中，或者在设置教学情境的中，要根据学生的实际爱好选择适当的内容，这样让学生身临其境，这样的学习才接近生活，更容易走进学生的内心，调动出学生真实的自我情感。除此之外，教学者在课堂结束后，还要组织学生进行情感体验的分享，在他们进行彼此的沟通时，才有助于师生情感的沟通与交流，达到彼此理解的程度，形成共鸣，方可成为成功的课堂。

（2）在教学实践活动增强学生的亲历性。教学者要根据目标知识设计实践活动，让学生通过自身行动，去体验过程中的情感感悟，在完善理论教学之后逐步深入实践教学进行知识的内化，形成自己的知识框架体系，形成适合自己认知的道德信念，加深道德知识的认知。这样的日常生活教学方式更加接地气，更加容易被学生理解和吸收。

除此之外，学生会遇到道德理论在运用的过程中与实践探索产生不协调的矛盾，学生一旦在实践学习中没有亲历过，就会产生疑惑，形成心理障碍，只有教师将这些不协调的情况进行设计，进行适时点拨，学生才会在今后的生活和学习中展现出高尚的道德、信念、素养、能力。

3. 教学情境的生活性

道德与法治课程体验教育的根本和基础就是生活化，这个生活化特征可以使学生亲切感知教学内容，不论是实际项目或者场景活动，都必须结合日常生活来进行，如此可以唤醒并激发他们的情感感受。在进行德育中，如果只是说大道理，学生或许能理解表面的含义，但并不能理解里面的含义，不明白如何做才是个有道理的人。但是这并不意味着他们没有足够的知识基础，只是表示现有的经验以及所学的知识在整体的框架结构中处于无序、感性和零散的状态，以此存在于他们的日常生活中。

体验式教学法不同，它首先为学生提供的就是一个既定人生情境，在这个特定环境中，传授给学生不一样的感受，得出自身的认识，以及对实践课程的感受进行再现与总结，完成了学生从感性片段的认知向理性系统认识的转向，教育开始于生活，也要结束于生活，这才是德育教育的初衷。教学者在进行一切教学活动的时候必须以学生实际生活来设计接近生活化的教学整体情境，围绕生活设计教学，学生仿佛真实经历着身边的人和事，得到的感受自然会很深刻。

4. 课堂活动的反思性

教学者在进行体验式教学方法的运用时，要注重对课堂活动进行总结和反思，没有反思，学生没有从中得到自我认识，这不仅意味着体验式教学的不完整，学生也未必对学到的知识走心。所以在教学过程中，教学者不管前期安排的是什么教学情境或者活动，都须要求学生对所学知识进行个人反馈，学生在梳理课堂教学内容过程的时候同时进行有效反思，才能够提升自我认识，升华自身所具有的道德品质。这个反思的过程，包含了学生的反思和教学者的反思两方面。其中，学生的反思反馈的是对授课内容以及情境的把握程度，教学者的反思关注的是对课堂教学以及学生反应的查漏补缺。教学者应该将课堂教学与预期目标进行比较，看是否得到了预期的效果，并总结改进的方法。对学生来说，其课堂反思有助于他们辨别是非，树立积极的价值理念和正确的人生观，此外课堂的反思还有助于教学者在今后的教学中制定出更有针对性的课堂实践项目，从而培育他们良好的三观。

随着新课改的推进，在道德与法治教学中采用的新教材也出现了巨大变化，在教材的表现形式上更为关注学生的实际行为及其情感感受，在对内容的掌握上也更为强调实用性。通过体验式教学方法通过创设不同的生活场景和实际活动，比较适合学生的日常生活，能够引发他们的情感兴趣，从课堂实践中了解和领会知识点。

在教学活动中，教学者们通过活动的形式吸引学生去参与课堂的学习，从而突出新课程课堂内容的丰富多彩，以主题活动带动丰富多彩的互动学习方式，学生们在互动交流、互相学习中共同进步。总之，体验式教学融合的是学生的生活实践和教学内容，理论知识与实践活动的创新，体现出了新时代新课改的特点。

二、小学道德与法治体验教学的应用价值

（一）有利于推动新课标的落实

经济社会发展和人才培养密不可分，培育优秀人才也同样需要通过教育才能进行，但

是教育最后培养得到的人才变成了"人材"。在当前的社会发展大环境下，学生只有热爱自己的国家、忠诚守信、勤奋努力，并且可以为国家经济社会的发展贡献力量的人，才称得上人才。

在培育人才的过程中，品德教育也很重要，我国在新一轮的教育课程改革中就明确提出了教学者应做到立德树人，在培育学生的情感品质同时如不能有效感化其情感感受，则最终也将无法打开其精神世界。应用体验式教学法可以使体验教育完美地贯彻于课程的各个环节，学生们在练习中就得到了体验的价值认可，也因此就会提高了品德教育的内化效率，最终不仅使学习者获得了知识，而且使之成为社会发展所需的重要人力资源。

（二）有利于增强知识价值的吸收

在学校进行德育教育时，对于所学的知识及其所表达的价值，学生不能只停留在认识层面，还必须对这种价值充满热情，如此才能内化成学校自身的思想道德品质。学生的品德教育，必须先从内心入手，然后从内而外地感化。在训练学生道德观和品德的活动中，如果仅仅单纯传授理论知识，最后获得的只有一种知识学习流程模式，然而应用情境式教学法能够让学生摆脱这一固有的教学模式，通过进行自身的感受和实践以后，他们将自己的理论框架与自身价值观结合在一起，产生价值共鸣，并使之逐步内化为自身的道德观，这些想法可以有助于他们在未来的工作生涯中解决具体品德问题。

（三）有利于增强课堂教学的实效性

体验式教学方法的另一个主要特征就是以学习者为主导，有效提高了学习者的积极性，使之更乐于积极掌握知识点，学习者也在体验过程中逐渐变从被动为主动，这与以往的教学方法之间有很大不同。因为很多教学者都不了解为什么在授课时，学习者似乎好像已经掌握了相应知识点，但是到实际落实时又远远不能取得相应的教学效果，这就说明学习者只掌握了知识点的表面，但是没有办法将之有效转化为个人意识。

认知是为了更好地运用和实现，而掌握知识的主要目的也是为了服务于日常生活，因此，运用体验式教学法可以使学习者得到良好的教育感受，并在上述过程中将已学到的知识与个人理解、实际生活经历等结合起来，进而得出自身的体验结果，这就会对已获得的个人认知和经历造成一定影响，并最终在体验感受的过程中形成新认识，而这些体验过程都与日常生活联系较紧密，因此，学习者也能够更容易地把这种认识过程运用到日常生活中，从而影响其自身活动，将所学的知识运用于实际活动之中，是课堂教学实效性的一种重要表现。

（四）有利于推动教学者教学能力的提高

道德与法治教学中不应该仅仅教给学生知识，最关键的是培育学习者的人格，对专业的了解只是最表层的认识，了解其中的内涵才算真正把握了专业的"精髓"，所以，教学者们在教学相关专业课时，不应一味地给学生介绍专业，还应深入探索所学知识蕴含的意义与人生价值，要想达到这一教学要求，需要做到以下几方面：

第一，教育者自己要能够清楚把握专业的深刻内涵和人生价值。每名教学者在授课以前都能"知其然"，但是对于某一章节的深刻内涵，也只有在他自己的体验和探索过程中完全理解了其意义以后，才能够启发学生探其人生价值。在运用体验式教学法的进程中，教学者需要在准备过程耗费极大的时间和精力去探究教材本身所蕴含的意义，这样在教学进程中可以更加了解教材的深刻内涵，才能够让学习者得到良好的阅读感受，真正理解领会教材的作用和意义，而不只是理解知识点。

第二，当实行体验式教学法后，因为学习者的情感活动会因为实际情境的不同而改变，所以教学者要随时注意学习者的情绪状态和活动，并针对实际状况对教学方法做出改变，而与此同时，教学效果也会随之改变，所以教学者一定要具有相应的临场应变能力以及对整堂课程的把控意识。对学习者来说，如何调整才能够在实现教育理想的基础上使其情感体验结果的改变不干扰到学习者的情感感受，这也就要求教学者用心思索如何正确制定与情感、价值观相关的教育任务。教学者唯有提高自身的教育管理水平方可达到这些目标。

当教学者实施课程评估时，由于过去的终结性评估已不再是唯一的准则了，在使用体验式教学时，教学者更应该选择用形成性评估去认识学习者的整体教学流程及其对自我情感所发生的改变。但是如何设置合适而成效突出的生成性评估，是当前教学者在教学工作中遇到的一项重大挑战。

由于教学信息蓬勃发展，在教学先进的发展大环境下，教学者们应把现代教学信息和传统教育工作方法结合起来，因为体验式教学离不开多媒体技术的支撑，尤其是当前的网络生活与学生现实生活越来越离不开，所以教学者们一旦没有熟练掌握网络信息技术，在实施体验式教学的过程中就不能与学生的活动实现有效互动，教学效果也就很可能达不到期望。

新课程的教学背景呼唤着新一轮基础教育课程变革，随着新课改的推进要求将体验式教学法进入课堂，教学者们唯有提高自身的课堂教学实力才能将体验型课程合理地运用于课堂教学中，而与此同时，这种新型教学模式又有利于教学者个性的发挥。

第三节　新课标下小学道德与法治课的体验式教学

　　小学道德与法治课程是思想政治课在小学阶段的重要形式和基础，也是培养学生正确的三观、思想品格以及理想抱负的重要方式。道德与法治课程的开设，直接影响到如何为小学生打下坚实思想政治基础的大局。然而，小学阶段的学生年龄较小，尚处于启蒙阶段。若仅以单一的口头讲解来引导学生理解课程中蕴含的知识和道理，不仅不利于学生的认知、掌握与发展，甚至会挫伤学生的学习热情，激起他们对道德与法治课程的排斥。从短期来看，不利于在启蒙阶段引导、培育学生的三观；从长远来看，也会影响到他们在以后的学习阶段对思想政治课程的排斥。

　　积极探索贴近学生生活、从他们的认知水平出发的体验式教学法，既有利于知行合一与体验感悟，又有利于强化实践与引领行动，还能够在实践中收获真知与增长才干。体验式教学法强调学生在学习中体验。尤其要求教师在遵循师学生需求的前提下，将体验式教学融入小学道德法治课堂之中，强化体验，优化感觉，使学生更加主动和积极地投入学习。进而，帮助学生逐步形成正确思想价值观，且推动他们学习动力的形成，为道德与法治知识的课改展现出一个新的样态。

一、将体验式教学法理念转化为教学设计

（一）体验式教学法的发展

　　体验式教学理念产生的历史已经很悠久。最早可以回溯到两百多年前的法国，著名教育家卢梭提出体验教学就是要以行求知。20 世纪中期，美国著名教育学家杜威倡导真正的教育来自体验。在杜威看来，有效充分的教学体验是学生进行意义建构的前提和基础，换言之，有效充分的教学体验是学生高效获得知识的前提和基础。20 世纪 80 年代，美国教育学家大卫·库伯在已有教学理论的基础上提炼出"经验学习圈"，明确将体验学习划分为具体经验、反思观察、抽象概括、主动实践，四阶段逐层递进并相互关联，形成体验学习环形结构，同时，也道出了体验教学的教学实践方向。

　　20 世纪末，体验教学理论在我国雏形渐显，并直接倡导以学生为中心，注重学生学习过程中的参与性、主动性、积极性，弱化教师的"灌输式"教学模式。同时，鼓励学生在学习过程中亲身参与以教学大纲为出发点设计的体验学习过程，通过体验获得更加深刻的认知，并非常注重学生在体验学习过程中的自觉反思。目前，以体验教学法相关的教学

理论、教学模式已经较为成熟，已成为深受教师欢迎、学生喜爱的教学模式。

（二）实施体验式教学法设计

体验式教学法的课程设计，主要是以复杂适应的系统理论和实践智力理论为价值依据，从教学心理的视角出发，以解决实践性的问题为逻辑起点，以学习体验与感悟生成为重心，以分层分类思路为主导、以完整的精神与生命成长为旨趣，创造出一种以实践性思维训练为直接目标的内发式教学设计。通过对学情进行梳理，发现学生在交流沟通中存在的几类问题。然后结合教学内容，将课程拆分为三个主层次，并逐一设计与之相应的教学模块，突出教学实施的针对性，强调结果导向。

教学设计的具体构成，主要是通过"课堂分享"，鼓励学生讲出自己的故事；利用"课堂辩论"，引导学生辨析"倾听的重要性和准确说话是否必要"；借助"课堂讨论"，带领学生对所学知识进行归纳，在归纳中交流总结，从而逐级实现既定的三重教学目标。因此，在教学设计过程中，要紧扣教学目标，依据难度将教学目标划分为若干层次，且区分教学的重点和难点，逐一完成相关的教学设计任务。

1. 教学分析

教学分析重点是研究和掌握学生学习中存在的各类问题。如部分同学不乐于倾听，甚至在日常生活中试图改变他人的想法；有些学生不善于交流、害怕交流；还有的学生在交流时不注重方式方法，导致交流效果一般；等等。教学设计中需要针对以上问题，着重加以解决，以提升学生的交流沟通能力。

2. 教学设想

教学设想侧重结合教材提出的内容，分别设置课堂分享、课堂辩论、课堂讨论三大教学模式，结合多媒体等信息化教学技术，引导学生在观看教学视频的同时，围绕相应教学主题深入开展课堂学习。

3. 教学目标

教学目标主要是解决学生交流中存在的问题，同时提升学生交流表达的能力，进行目标的细化，主要包括：①基本目标，帮助学生勇于表达个人想法；②能力目标，引导学生学会准确表达、耐心倾听；③情感态度与价值观目标，培养学生学会换位思考、学会理解他人。

教学重点、难点是引导学生学会表达，学会倾听，学会换位思考。通过教学设计以及关键环节的教学问题设置，可将小学道德与法治课程整个教学过程串联起来。同时，又能充分引导学生思考，推动他们在学、思、悟的过程中充分参与，获得提升。

二、以体验教学"三字诀"重构学习方式

体验教学的核心是构建以学生为中心的教学过程，重构学习方式。体验式教学法的最大特色在于能让学生在轻松愉悦的氛围中投入学习、享受学习；在趣味课堂教学中，更深刻地理解教学内容所蕴含的生活真谛、为人处世哲理；在实践创新中提倡学生"以行求知"的感知状态，从而培育学生道德、品质、法律、法治的理解能力，提升学生的综合素养。在教学实践中，能否凝聚学生的参与度，是体验教学成功实施的重要前提。

在教学实践中"看"字诀、"说"字诀、"做"字诀的"三字诀"体验教学法，对优化学习方式极具影响。

（一）"看"字诀：注重观察，启发思考

"看"就是侧重通过引导学生观察来开展学习。可以观看视频、观看现场表演，还可以引导学生注意观察身边和周围环境的变化。通过鲜活、生动的画面刺激学生的感官，在观察过程中激发学生思考。

（二）"说"字诀：勇敢表达、勇于表达

口头表达的训练也是对学生逻辑思维能力的训练。在教学过程中，一般可以结合相关的教学主题，特别是与日常生活和若干教学现象相关的话题，设立教学主题，通过讨论、小组发言、故事分享、主题汇报等多种形式，鼓励学生开口表达。比如，在关于新年收礼物这件事上，教师可以设置新年成长寄语、新年收获、新年小故事分享等多个主题，并提前布置给学生，鼓励他们将自己选择的主题在课堂上和同学分享。通过这样的设置，不少学生分享了自己新年期盼收到的礼物、曾经收到礼物的小故事。有的学生还在课堂上勇敢地表达了自己对父母的深厚感情。学生在开口交流之中，既体会到节日的美好，又增长了新年的相关常识。

（三）"做"字诀：鼓励动手，付诸行动

体验教学不仅是关注学生在课堂中的学习感受，更要突出学生全方位能力的培育。事实上，"做"是检验教学效果的最佳方式，也是鼓励学生用科学的理论去指导实践，又在实践中去检验知识。例如，教师可以在课堂上先以多种方式引导学生认识植物生长的过程，再给每一个学生发一粒种子，鼓励学生自己动手，并且每天记录下自己种植的过程，形成种养植物观测日志。等到学期快结束的时候，邀请学生讲述自己的亲身体会。运用这种方式将动手实践和实践体会融合在一起，可以让学生在行动中深化对知识的理解。

此外，应用好"做"字诀，很重要的一点是鼓励学生表演。爱玩的天性在小学生身上十分突出。将表演引入课堂，既能够寓教于乐，又能够训练学生的表现能力，改变部分学生因腼腆害羞不敢在他人面前展示自我的现状。

三、依托小组合作模式激活深度学习体验

小组合作是教学实践中十分常用的一种方法。将体验教学融入小学道德与法治小组合作学习之中，有助于小组内组员的性格特点互补，发挥聚合效应，促进每一个学生更好成长。相较于传统的说教式教学法，体验式教学法具有情境性、开放性、主体性、互动性、统一性等特点，更加重视学生学习的主体作用与个体体验、团队协作与意识培养，尤其强调体验学习过程中的自觉探索。

实施小组合作，要充分考虑到学生的特点，合理调节小组规模，让学生都自觉自愿地参与其中；也要充分尊重学生的意愿，立足于教学内容，以充分发挥小组合作的最大效用。一般而言，小组讨论可以分成5~7人的学习小组，既充分保障学生之间的思维碰撞，又不因人数过多导致部分学生无法充分参与其中，确保讨论的时效性。为了鼓励学生进行课堂展示，也可以划分为3~4人的学习小组，便于每一个人都有明确而具体合作的学习任务分工，又不会因为任务过重导致难以完成。在此基础上，实施小组合作模式。小组合作体验需要教师将教学过程主动权交给学生。教师只需要承担好"引导员"角色，发挥好衔接、过渡、纠偏作用，从而使学生成为课堂学习的主人翁，做到积极思考和探究，同学之间的优势互补，帮助学生获得成就感。

第四章　小学道德与法治课的生活化教学模式

　　道德与法治课程是小学教学中的一门重要课程，但是这门课本身所包含的知识点对于小学生来说是比较困难的，因此生活化教学可以有效地帮助学生对法律知识进行学习。这种方法可以让学生在实际的生活中体会到书本中所描述的内容，不仅可以丰富学生的知识体系，还可以让学生在学习的过程中增加社会阅历。生活化教学是当前小学道德与法治教学改革的主要趋势，也是教师组织道德与法治课堂教学的主要方式。

第一节　道德与法治课生活化教学的理论依据

一、小学教育工作和法制生活化教育的内容和理论基础

（一）学校思想道德和法制生活化教育的内容

1. 生活化教学

　　"生活即教育，所有学科的教学内容大多来自生活，且生活本身就是一个大的教学环境，只有将学科教学放置于生活大环境中，从生活化的角度开展教学，才能使学生真正领悟学科内容的真谛，真正实现学习质量的提高。"① 要想探索生活化教育的具体内容，我们先要追溯"生活"的本质内涵。学者们也从截然不同的角度对生活的基本含义做出了诠释。

　　（1）杜威对生活有着自己的基础看法，他指出，"生活"所包含的范围极广，涵盖了方方面面，比如，习惯、信念、制度、工作、娱乐，甚至胜利与挫折也包括其中，只要是人在生活过程中所经过的都称为生活。

　　（2）陶行知关于"日常生活"的看法与杜威不谋而合，也觉得"日常生活"的范畴是很广的，但是陶行知更偏向于将日常生活定义为一种动词，主张在"日常生活"中"做"。

---

①白红兵．生活化理念在小学道德与法治课程教学中的融入［J］．智力，2022（32）：112.

（3）而关于在品德观下的人生，著名的小学《道德与法治》总编鲁洁先生则认为，人生中处处都存在美德，而品德则存在于人生的方方面面，在我们所选取的人生模式中，品德便是人生中的一个模式。

关于"生活化教学"还缺乏明确而系统的概念，所以，生活化教学是在学校生活概念的基础上派生而来的，是把学校教育理论与日常生活实际结合起来，并使学科知识与学校生活实际相匹配的一门全新教学模式。

2. 小学道德与法治生活化教学

小学道德与法治生活化教育，是在以生活式教育的根基中将小学《道德与法治》的课程特点纳入之中，同生活式教育相比，教学者们必须对学生的知识和文化特点加以综合梳理，从而增强他们的学习主动性、实践积极性。

学校《道德法治》课程正是以小学生为中心，根据课程文本还原学生活动，教学者在其生活实践基础上，指导他们对知识系统进行强化，培养他们分析和解决问题，培育他们的道德素质和法制知识的水平的一门全新教学方式。

3. 学校思想道德和法制生活化教育的特色

相比学校其他课程和学段来说，学校的《道德与法治》等生活化课程也有它自己的特色。

（1）科学性与综合性。小学道德与法治综合了以往的"品格与生命""品格与社会"，教学内容更偏向于少年学生的日常生活，把国家政策针对青少年所提出的需求在课程中加以贯彻，同时，教材内容也预设了启发小学生生活建构的教育目的，这也为进行生活化教育发挥了积极推动作用。小学道德与法治是一个综合性的课题，它承载了对教育学生多方面的任务，在适应当前新时期的教育前提下，通过启发小学生真正地活学活用，把知识和日常生活紧密结合，教育学生在学校生活中提高道德与法治素质，使学生们过有素质的日常生活。

（2）育人性与基础性。小学道德与法治生活化课程有机融合了多方面的知识元素，因此其他教育阶段的道德与法治课程整体水平都必须加强，其中小学教育才是最关键。在小学时期，通过小学道德与法治将学生生活的方方面面紧密地联络在一起，助推小学生变成全面发展的人，与义务教育中学阶段的《道德与法治》交相照应，为初中阶段《道德与法治》的教学打好了基础。

（3）开放性与趣味性。和其他学科知识比较，小学道德与法治更注重课堂教学的动态性，在课堂教学中，将教育面对学生的整体生存世界，将知识点动态化，让知识点从课本中"跳"起来，实实在在地融入小学生的实际生存情境，采用人物装扮、答辩或者模仿场景等方法给课堂教学增添情趣，知识点走进课堂日常生活，回到现实社会生活，启发未来生命，就是道德与法治生活化方式教学方法的使用，才让《道德与法治》重新回到了课堂教学的原始理想中，这也就是该课程的教育价值之所在。

（4）主体性与实践性。小学道德与法治生活化教育课堂中，学生们就是课堂教学的主要参加者，在教学者的指导下，通过他们自己的独立与探索，把日常生活中的所见所闻和感悟在课堂教学中全面表达，在尊重每一个学生的基础上与学生互评，通过一起对日常生活中的道德与法治问题的表达讨论，把从课堂教学中习得的科学方法带到他们的生活实践中，从而引领他们过完良好的人生。此外，生活化的课堂不仅拘泥于课堂教学中，在确保安全的条件下教学者启发学生亲自感受，投入社区实践活动中去拓宽他们的视野，使课堂学到的知识更加内化于己。

（二）小学道德与法治生活化教育的理论基础

1. 马克思主义认识论

马克思主义哲学强调经验的主体意识，通过具体理解才能得到深化和发生相应的转变。而马克思主义认识论则注重经验主体意识对客观现象的能动反应，在现实和思想辩证统一的基础上，通过进一步的思想和实践探索，从而向更高的精神层面上升华。当前，由于学生所面临的重大社会变化，在教育的发展进程中，教学者也应根据当前小学生的成长特征及其生活特点进行教育。

小学道德与法治生活化课程要以马克思主义的知识原理为依据，所以在该课题进行中，教学者要重视生活实践，教学方法也要接近学生的生活实际，以与时俱进的思想观念把该课程中的知识传授给他们，使知识更加生活化、实践化。教学者们在授课过程中，要进一步优化课堂，并采用与学生生活现实相适应的教学方法，以促进学生的全面发展。从当前的教学要求出发，我国小学道德与法治生活化教学正是要与生活实践紧密结合，将知识运用于日常生活，将日常生活融合于课堂教学，并且让学生获得全面提升，这合乎新世纪教育的需要，也合乎学生的心理发展特点，在教材中应用生活化教学将提高课堂的真实性和课堂教学。马克思主义认识论为我国小学道德与法治的生活化教学奠定了扎实的基础。

2. 杜威的教育生活理论

杜威对教育的概念：教育即生活。在他眼中，教学是一种生存与成长方式，他反对以课堂、教学者、教材三方为中心的旧课堂，教学上也应如此，教学应使学生个性化，而教学者也应引领学生参加社会生活的相关环节，在生活中学习，在生活中感受，在生活中发展。正是杜威这一教学思想，为一个生活化的新课堂的发展奠定了思想基石，所以在小学道德与法治的课堂教学上，教学者也应以现实中的学生为基础，根植于他们的生活实践中。

3. 陶行知 "生活即教育"

陶行知先生是中国近现代最杰出的教育学家，陶行知先生教学思想的核心内容就是生命教学。陶行知先生指出，教学是从学生的实际生活为大背景的，它隐藏着学校生活的方方面面，在教学的过程中，特别强调要 "知行合一"。换言之，学习者要把日常生活中的所见所闻作为教育自我的一个方法，在自己的日常生活中进行反省和体验，要在做中学，在做中学时求得提高，真正地实现教学做的合一。

陶行知先生反对教学脱离现实生存的大背景，仅仅以教科书为核心的传统教学是不能满足当前时代需求的，教学必须和日常生活紧密结合起来。教学者应该随着学生的变迁，把课堂和学生结合起来，把课堂上的知识和他们的实际结合起来，使他们懂得独立思考，主动地适应学生，使学到知识及时得到应用，使他们回归人生，懂得人生。

根据当前全国小学生品德成长规律和有关文件，学校为《道德与法治》课程编写的主体教学内容是以学生的实际要求来建设课堂内容的。它将以往的课程体系进行了全新整合，课程越来越接近于学生的日常生活，对于课程上的教学内容，大范围是和当前学生身边的日常生活密切相关的，不过对于课程上的知识点，教学者也必须进行指导，课程接近于日常生活，这就要求教学者转变以往的教学模式，通过生活化的方式启发学生实实在在地到日常生活中学习，做到知行合一，以此增强课程教学的有效性。

4. 建构主义学习理论

建构主义教学和以往的教学方式比较来说，更具有创造性。建构主义教学理论的内容非常丰富，同时，建构主义理论又赋予了教学以新的价值。建构主义理论相信，学习者在进行教学以前就获得了相应的知识和体验，所以，建构主义的课程理论主张，教学行为不应当以教学者为中心，而应当使学生回归知识中心之位，从而调动学习者的内在学习动机，教学者不再通过以知识灌输为主的手段把知识传递给学习者，而应当在重视学习者本身体验的基础上，进行适当的教学。因此，建构主义理论从学生观、教学者观、学习者观和教学观念四大角度进行了详细论述。小学道德和法制教学者应适时改变课堂思维，并改变传统的教学方法，结合 "生活式" 的教学，采取更生活式的教学方式，以启发学生主动建构生命，懂得知识，也懂得生存。

二、学校思想道德和法制生活化教育的重要性

（一）道德教育是回归生活的现实诉求

职业道德必须扎根于日常生活中，而日常生活是职业道德形成的基石，更是职业道德发展的基石。如果脱离了生存，则职业道德也将没有意义。这也就要求职业道德要在生存的这个世界中发掘丰富而生动的教育资源，在生存的整个过程中进行品德教学活动，并以过上梦想中的幸福生活为终极指向。回归生存作为职业道德的主要指向和核心价值，生存逻辑也作为品德课程编写和讲授时所遵从的主要思维逻辑。

日常生活思维逻辑形成在日常生活这个世界中，讲究的是以现实生活现象和日常生活实际为起点，并由此抽象出相应的理论观念、思想程序和思维模式，从而将理解人类生存现状、启发日常生活行动当成其终极目的。通过遵守日常生活思维逻辑，就能够使人从各学科理论知识的窒息中挣脱开来，并使之回归生命的海洋，在其自身生命中发展形成自身的德行。

随着德育课程的进一步改革和发展，新编美德和道德法制课程在编写方法上有了新的突破，由"复制"生存的模式走向了对学生生活的"模仿"，更体现了学生生存逻辑，也就更为利学易教。但是，在教育实施中还是面临着道德脱离生活、偏离生存逻辑等问题，主要体现为将道德的理想性、书版化、经验化、教义化、概念与抽象，背离了学习者的生活现实，而忽略了其基本的道德价值。

《道德与法治》力求剖析品德课程中的生活逻辑，全面掌握课程的特点和优势，并进而提供生活化的教学策略，以便进一步增强品德课程的有效性，推动小学生的品德发展，使之变成具有关爱、使命感、优秀习惯和个人品德的人。

（二）小学美德教育和法制教材的生活化取向

生命世界论认为，不能站在生命之外去看待教育和形成关于教育的全部认识，而且必须将生命视为所有教育认识和行为的基础和最终意义。学校道德与法治课程已成为道德教育的主要载体和师生教学的基础依据，与日常生活联系紧密，反映出学生人生逻辑的内在特质，并坚持现实导向、经验取向和精神导向。

1. 事实取向

事实是指已被认识到的客观事物、活动、状态、联系、特征、实质性质和变化规律的总和，根据我们掌握现实的方式和角度，又可以分成认识事实和概念事实。体验事实是指个人经过自己的实践与感受而得出的事实，理论实际即对体验事实的提炼和总结。

个体可以在实际生活中获取知识事实，并以认识事实为依据去掌握和认识相应的知识事实，而反过来知识现实又可以帮助我们提高对现有知识现实的认识，两者相辅相成、相互促进发展。而教科书则是对不同专业学科中的典型性现实的综合整理，在选择知识信息和体现知识信息的过程中必须坚持现实导向，体现客观事实的本然状态，并充分发挥两种现实的协调功能和启发意义。但是，在实际情况下，由于受到各种客观条件的影响，再加上编者等主观因素的综合作用，在教科书编写过程中产生了一些与基本现实相悖的问题，主要体现为夸张、虚构和弱化基本现实。

当前思想道德和法制教科书中所提供的信息坚持真实导向，提供的信息符合客观真实，没有出现夸张、虚构或者淡化真相的情况。由此可见，道德与法治课程都是德育的主要载体，与专业课程中所主要体现的专业学理内容有所不同，其主要内涵以学生的现实生活经验为主体源泉，与学生的正常生活和发展密切相关。

2. 经验取向

经验导向是指课程的内容文本源于学生的经历世界，又或者与学生的经历世界密切衔接，以适应学生需求、推动学生个人发展为主要目的。课程不但要立足于学习者个人的生存经历，而且还要和新时代的生活经验相结合，把新经济社会发展的优秀成果、新时期的榜样人物等纳入教学内容中。但是，部分课程出现偏离了经验导向的现象，主要体现为以下几方面：

（1）成人化的倾向性。成人的经历世界与学生的经历世界之间有很大的不同，因此，二者的关注点也有所不同。同时，课程编制队伍中大多以学术专家、学校教学者等居多，在课程的内容选择与活动策划时或许会过分学理化与专业性，倾向于成人化。

（2）时效滞后倾向性。随着时间发展与前进，虽然我国教育在各方面都获得了新进展和新成果，但当前的部分课程中现代元素比较滞后。这就不利于学习者抓住时代的脉搏，掌握各个领域新的研究进展和科研成果。

但是，新的道德和法制教科书充分考虑到学生日常生活的特点和教科书自身的特点，采取了一些开创性的文本方法，使教科书既适应学生日常生活的特殊性，又符合教科书的特殊规律，从而编写成了真正模仿学生日常生活、回归学生日常生活的道德教科书。当前的德育课程充分考虑了学生的年龄特征，尤其重视学生日常生活情境的创设，围绕学生的衣食住行、认知过程、日常生活场景、人际关系等进行教学，以学生的视角进行教学活动，赋予学生很大的自主权，使学生可以更好地投入日常生活、适应生活。这样的课程有助于他们把真实的人生经历和已掌握的理论知识结合起来，帮助他们进一步了解和灵活运用的认识。

此外，德育教学还反映出一定的时代特色，以历史的视角展示了家乡、交通等多方面的变迁，反映新时期的进步，有助于学生在成长和变迁中发现新时代的新面貌，可以帮助他们培养祖国认同感和民族荣誉感。

3. 社会取向

社会导向的教学目的就是要推动个人的社会性发展，同时促进整个社会的发展进步。因此社会导向的教学，理应在教学内容中渗透积极的思想观念与价值规范，逐步使之转变为社会生活的行为习惯，从而实现社会教育的正向价值，启发个人求真、向善，认识生存，从而做到对国家意志与价值观的继承和弘扬。但是，经过对以往部分教科书中社会模范人物的种类、角色职位与社会身份的分布特征等类目所做出的社会研究可以看出，因为上述各类主客观因素，教科书中在社会导向方面出现了一些偏移。社会取向主要体现在以下几方面：

（1）社会城市化倾向较强。课程的城市化倾向既无法适应广大乡村学生的学习与发展的需求，又不利于培育农村学生的乡村意识，影响了乡村学生的个性与能力的正常发挥，实质上是一个隐性的教学不平等。

（2）性别刻板印象问题。在农村课程的教学文字与插画中呈现着大量的性别角色形象，而其中也存在着性别的刻板印象。

检视当前的思想道德和法制课程，不难看出，尽管城镇化趋势难以避免，但当前课程中的生活情境截取、案例选取以及画面展示等部分都兼顾到了城市二元生活之间的适当比例，同时在此基础上还相应提供必要的城市生活情境，从而有助于农村学生熟悉城市化生活。与此同时，学校教学者们对性别公正教育也特别重视，在范例人物的选取中充分保证了男女分配的平等，对每个课的提问人物也是保持着平等的，从而打破了学校传统上出现的某些男女刻板形象，这样就给学校内性别价值观的建立带来了潜移默化的作用，也有助于学校传递和推广正确的性别公正理念。

第二节　小学道德与法治课的生活化教学设计

一、生活化教学设计

教学设计是教师根据课程标准的要求和教学对象的特点，将教学诸要素有序安排，确定合适的教学方案的设想和计划。一般包括教学目标、教学方法、教学环节与作业设计等环节。生活化教学设计是在生活化教学的基础上，教师进行教学设计，主要包括确立生活化的教学目标、采用生活化的教学方法、运用生活化的教学内容、设计生活化的课后作业。"将生活化教学渗透到小学道德与法治课程教学之中，能够改变教师生硬、单一的教学形式，使学生更加集中注意力，从而提升学习效果。"① 教师进行教学设计时需要将讲授课本知识的过程链接到学生生活实际上，以此来促进教师在课堂实践中以学生为主，提高学生在课堂上的学习积极性、主动性、创新性。

二、小学道德与法治生活化教学设计的理论来源

（一）马克思主义哲学相关理论

1. 马克思主义实践论

马克思主义实践论强调实践决定认识，实践是认识的基础。从当前的小学《道德与法治》课程标准要求来看，教师要紧密联系生活实践经验，将学生的已有经验和感知，融入教学之中，充分地与学生交流讨论，将知识内化为学生的行为，促进学生德智体美劳全面进步。总之，马克思主义实践论为小学道德与法治生活化教学设计提供了坚实的理论基础。

2. 马克思主义唯物辩证法

马克思主义唯物辩证法强调世界上的一切事物都是相互联系的。在生活化教学设计中，强调的课本理论知识和学生生活实践，两者之间也是相互联系的，并且两者的关系是客观存在的，并不以人的意识为转移，我们需要做的是抓住两者之间的客观联系，发现他们的内在规律，以此来进行教学设计，帮助学生更为直观和积极地认识生活。马克思主义唯物辩证法潜移默化地指导着生活化教学设计在小学道德与法治中的实施。

（二）人本主义学习理论

人本主义学习理论从全人教育的视角阐释了学习者整个人的成长历程，强调教育者应当将"人"作为一个整体来研究，充分关注人的具体经验和创造潜力，主张构建生活化教学模式，引导学生将认知与经验结合起来。因此，教师在进行学科的教学设计时，应当尊重学生的自我实现需求，为学生营造一个良好的思考和学习的氛围，拓展学生关于整个世界的详细认知，最终促进学生对世界的探索和对自我认知的实现。

三、小学道德与法治生活化教学设计的特点

小学道德与法治生活化教学设计是指小学道德与法治教师在进行教学设计之时，以生

---

①袁彩霞. 小学道德与法治课程的生活化教学策略［J］. 教育界，2022（28）：47.

活化教学为基础，将小学道德与法治的特色融入教学设计之中。小学道德与法治生活化教学设计就是教师在进行教学设计时，充分尊重学生，将学生作为学习的主体，将教材知识的学习与学生的实际生活相联系，回归到学生实际生活中；教师充分进行学情分析，在学生已有经验基础上，引导学生学习新的知识体系并尝试对生活中的问题进行探究和思考，从而提高学生解决实际生活问题的能力，实现立德树人的教育目的。在这个生活化教学设计过程中，表现出了以下特点：

（一）注重基础性

近些年，我国在德育课程改革上提出了不少新的举措，目的在于进一步推进课程改革，努力建设大学、中学、小学思政一体化。其中，小学的道德与法治教育就是思政课一体化建设的基础阶段。在基础教育阶段，小学道德与法治生活化教学设计肩负着将小学生生活中的各方面密切联系的重任，助推学生成为德智体美劳全面发展的人，并且为初中阶段的道法学习打下良好的基础。

（二）具有综合性

小学道德与法治课程综合了以前的"道德与生活""品德与社会"的内容，是一门更加具有综合性的课程。在基础教育阶段，它身上承担着培养学生方方面面能力的重要任务，因此教材的编排上更加贴近于学生的生活。教师在进行教学设计之时，应当充分考虑将知识与生活结合在一起，让学生能够在学习知识的时候，完成对现实生活的构建，为我们实施生活化教学起到引领作用。

（三）突出趣味性

《道德与法治》教材内容大多都是用故事、图片、活动等方式来呈现的，与其他学科相比，教材本身更具趣味性。在教学内容上，课本更加面向小学生的各方面生活世界，让知识跳出课本，将知识融入生活，真正地结合小学生的真实生活情境。在进行教学设计时，教师完全可以设计辨析生活场景、角色扮演，辩论会以及情境模拟等教学环节为自己的教学设计增加灵活性与趣味性。

（四）强调直观性

小学生还处于基础教育阶段，对外界的认识还不够，社会的经验也不足，他们对世界和知识都还处于探究和学习的阶段，因此对于道德与法治中所提到的一些比较抽象的理论性的知识或结论，还不能很直观地去理解和想象。教师在小学道德与法治的生活化教学设计时就需要设计更为直观的生活案例或者生活情境，让学生能够调动自己对生活的认知去理解知识，用更为直观的方式，让学生亲身去感悟，触发学生对生活的思考。

四、小学道德与法治生活化教学设计的影响因素

（一）教育管理的重视与要求

教育管理方对教师的教学设计有着监督和检查的责任。因此，教育管理上对生活化教学设计的重视和要求，能够直接影响到小学道德与法治生活化教学设计的落实情况。

1. 对生活化教学设计的重视

教育管理方最直接的就是学校方。学校对教学设计的重视程度，在一定程度上决定了学科教师是否进行教学设计，并影响学科教学设计的完整性，特别是在小学道德与法治，这样一门教师眼中的"副科"身上表现尤为明显。

2. 对生活化教学设计的要求

学校对于教学设计的评价及要求，是教师对本课程如何进行教学设计的重要指引。在检查中如果能够强调生活化教学设计，那么自然就能很好地推动小学道德与法治生活化教学设计的落实。

（二）设计者具有专业素养

作为教学设计的设计者和教学设计的最终施行者，教师必须具有专业素养。教师的专业素养就是教师在教育教学工作中应该具备的知识文化水平和工作能力，它是教师在进行生活化教学设计，取得教育教学效果的重要保证。

1. 扎实的学科知识

小学道德与法治教师应当具备丰富的思政学科的文化知识，以及本学科扎实的学科知识，才能在教学设计中，针对不同类型的知识，制定教学目标，选择教学方法。作为教学设计的设计者和教学设计的最终施行者，教师必须明确所授教材内容的知识类型，才能做好教学设计，取得良好教学效果。

2. 教师的学生观

教师的学生观就是教师对于授课对象的基本看法，这种看法直接影响着教师的教学设计内容。在小学道德与法治中，教育对象是小学生，要明确学生的身心发展特点，将学生看作一个完整的人。小学生的思考、选择、体验都与成年人有着明显差别，教师要正确对待教育对象的群体特征，才是做好适宜的教学设计的前提。

（三）学情分析的情况

学情分析指的是学生在学习方面呈现出的特点，包含学生的学习方法是什么样的、学习习惯如何、兴趣点在哪儿等内容。

1. 教师对学情分析的态度

教师对待学情分析的态度，决定着教师是否在课前准备即备课阶段，制定教学设计的阶段，对学生进行学情分析，掌握学生的情况，能够为小学道德与法治生活化教学设计提供一个良好的前提基础。

2. 教师做学情分析的完整度

学情分析的内容有很多，如果认为学情分析就是从学生的身心年龄情况去分析学生的基本情况，这样是完全不够的，还应当考虑班级情况的不同，个别学生情况的不一致，了解班级学生的生活状态、爱好喜恶等多方面去了解学生，以此作为制定小学道德与法治生活化教学设计的基础。

总之，在小学道德与法治，教师应充分关注学生的学情，做好学情分析，才能确定教学方法和教学目标的制定，一定程度上影响着教学效果的实现。

（四）家庭教育观念

学校教育离不开家庭教育的支持。俗话说，家长是学生的第一任教师，家庭教育作为教育的重要环节，在教育学生上，具有不可忽视的重要作用。

1. 家长对教师的支持

家庭教育的质量，不仅与家长的文化知识水平有关，更与家长的教育观念有关。教师在进行生活化教学设计时，也会考虑学生的家长是否支持教师的教学工作，如果教师对这方面有所顾虑，那也会直接影响到小学道德与法治生活化教学设计的内容。

2. 家长对学生实践作业的配合情况

小学道德与法治的生活化教学设计中有重要部分是实践性作业，这一部分的内容，离不开家长的配合与支持。如果在日常教学中，家长对学生的实践性作业配合完成度高，那么教师在进行教学设计之时，实践作业的设计会更具有意义；如果家长对本课程的实践作业持完全忽视或者放任的态度，那么教师在进行教学设计之时，这一部分的内容得不到家长的配合，自然也有所忽视。

总之，良好的家庭教育观念能有效促进学科教学设计的完成，进而帮助学生学好本学科，促进学生德智体美劳的全面发展。

第三节　新课改下小学道德与法治课的生活化教学

一、新课改背景下小学道德与法治生活化教学特征

新课改背景下，小学道德与法治生活化教学与传统教学相比具有以下突出特征：

（一）学习时空开放化

传统教学大多在课堂上完成，而道德与法治生活化教学要求打破传统教学场地的限制，学生不仅在课堂上学习，还须花费课余时间提前做好准备工作，如进行必要的资料搜集整理，而且学习活动也不只在教室，学校、家庭、社区、家乡都是学习场地，亦即让学生学会在生活中学习。同时，不仅要帮助学生了解现实生活，更应该拓展学生知识面，如对优秀传统文化、先辈事迹等有一定的认识，对未来有大胆的展望。学习时空由课堂延伸至课外、校外，还由现在延伸至过去和未来，因而更有开放化的特征。

（二）教学内容生活化

小学道德与法治教学内容的选择更加关注学生的身心发展、情感诉求及日常生活环境。从教材编排上看，新教材内容相较于旧教材更加贴近生活实际，活动安排的实践性得到了进一步增强。教学上更注重教师通过多渠道对教学内容进行进一步的补充、开发、拓展，更多地关注学生的直接经验，从丰富的自然界、学校和社会资源以及多媒体、网络平台等挖掘教学素材，让生活素材进入课堂，使教学内容不是脱离学生生活而存在，而要内化为良好的道德品质。

（三）教学呈现情境化

在小学道德与法治教学中，丰富的资源通过整合作为教学内容使用，这些内容的呈现，不是抽象的罗列，而是生动的再现。教师可以利用视频、图片、文字、形象具体的语言描述等方式，有目的地引入或创设容易引起学生共鸣的、生动形象的生活场景，让学生进行角色扮演等。这些情境的设置需要围绕教材内容中某个特定主题，激发小学生学习情感，主动进行生活体验和探究，从而产生强烈的共鸣。

（四）活动体验多样化

小学道德与法治生活化教学的课堂，除了保留必要的传统授课方式之外，更注重活动

的多样化，例如，讨论、辩论、竞答、自我展示、小组合作等。教师还要尽可能多利用外部资源，有目的地开展丰富多彩的实践活动，如采访、调查、参观、访问、欣赏等，使学生在获得一定理论知识和基本技能的基础上，还能形成参与、合作、竞争意识，锻炼应变能力。学生在丰富多彩的生活实践活动中通过亲身经历进一步感受体悟，感性认识得到不断巩固、深化，内化为自己的自觉行为。

二、新课改背景下小学道德与法治课生活化教学的实现对策

（一）制定和执行多维的教学目标

教学目标是课程教学的指南针，对整个教学工作的进行起着重要的导向作用。遵循新课程改革的要求，制定和执行多维的道德与法治教学目标是实现生活化教学的前提。如关于知识与能力目标，所授知识就不能仅仅局限在教材，要多方面考虑到学生学习情况和现实生活，并不断进行调整。而能力目标上，在培养学生良好的生活和行为习惯养成的基础上，要注重培养学生解决实际问题和参与社会各领域生活的能力，学会观察社会事物和生活现象，学会自主探究，自主构建知识。关于过程与方法目标，须强调学生的学习经历、自身体验，这是学习过程中能获得的基本生活技能与方法，有利于个人的生存、生长、发展需求。

教师在进行自主、合作、探究的教学过程中，须重视学生对教学内容和方法的掌握与内化。关于情感、态度与价值观目标，教师要尊重学生的主体地位，针对学生不同阶段情感的发展特点，在生活化教学活动中师生多进行情感交流，让学生有一定的情感体验，在潜移默化中形成关心他人、关爱社会、爱生活、爱学习的积极乐观的人生态度，养成良好的道德品质。

（二）充实生活化教学内容

新课程改革背景下的小学道德与法治课生活化教学要将生活作为教学的内在动力，从而要求教师不断充实生活化教学内容，将生活素材变为教学的内容，让学生有亲切感、认同感，激发学生学习的积极主动性，使教学达到事半功倍的效果。

1. 开发教材活用教材

教材是进行教学的重要工具，实现教学内容生活化，需要从开发教材、活用教材入手。小学道德与法治新教材给了教师更多教学自由，教师在教学内容选择和重组上有更大的自主能动性。教师不能拘泥于书中的图片，要学会对教材的二次开发，根据学生实际生活和社会现实进一步开发生活化的资源，使教材的理论知识能和学生的生活背景以及身边

的实际生活联系在一起，建立起"生活即教育"的教材观。

2. 关注社会热点和时代发展

在新课改背景下，道德与法治课教学要及时跟上和顺应新时代的发展变化和趋势，重新挖掘和提炼新的知识点和教育点，充分体现生活中的多样性、丰富性和时代性；结合国家发展的大趋势，及时将社会热点、时代发展新问题和新现象补充到教学内容中，不断提高教育的针对性和实效性。为此，教师在课后要常看新闻，多读报，关注社会热点和时事动态，及时收集整理这些教学素材，通过讲解或视频、课件展示等方式适时恰当地补充到教学中，把道德与法治课教学放到一个大的社会生活环境下进行。

（三）运用多样化的教学方法

教学方法运用是否得当与教学质量密切相关，选择并运用适当有效、形式多样的教学方法是实现生活化教学的根本手段。根据道德与法治教学的不同内容或不同的教学环节，可以通过以下教学方法有效促进生活化教学的实现：

1. 讨论交流法

讨论交流法是道德与法治教学中运用最普遍的教学方法。教师根据教学内容提出有针对性的话题，供学生思考，然后让学生以集体或小组形式围绕话题进行讨论。在此过程中，教师要利用易激发学生兴趣的生活化素材，进行一定的启发和引导，让学生主动参与其中，结合自己的生活体验各抒己见，在彼此的讨论交流中得到进一步反思和启发，帮助学生更好地解决问题。

2. 情境渲染法

情境渲染法要求教师根据生活化教学内容的需要营造教学情境，并积极主动引导学生在这个情境中设身处地思考、体验、感悟。教师可发挥多媒体技术生动性和直观性的教学优势，营造出身临其境的教学情境，加深他们的学习体验。教学时，教师可利用多媒体设备和道具等设计出过马路的情境，让学生在课堂上亲身体验，并对学生进行行为训练。这样，学生就在行动中了解和加深了对交通信号的印象，从而学会自觉遵守交通秩序。

3. 故事喻理法

小学生正是在爱听故事的年龄，如果在课堂上通过生动形象的故事阐述一些抽象的道德观念，让学生在听故事的同时还能有启发、有思考，就更容易实现教学目标了。除了教材上的故事，还可以让学生讲述现实生活中的故事，这样的课堂教学更加贴近学生生活，学生更有话说，注意力更易集中并产生认同感。

总之，只要有利于生活化教学的方法，教师都要大胆尝试，不断总结，不断创新。

（四）构建综合性的教学评价体系

教学评价监督并保障教学工作的精准落实。道德与法治与语数外等科目相比，评价体系要更具生活性和综合性才能体现出特色，促进实现生活化教学的育人目标。除了传统的试卷评价外，构建生活性的综合性教学评价体系更应从以下几方面实施：

1. 评价方式

（1）在评价方式上，要求自我评价和他人评价相结合。传统的他人评价方式，只能教师评价学生，存在比较单一、灵活性差的局限。新课改要求评价主体由一元化向多元化发展，努力构建多元的、综合性的评价结构。除了教师，最熟知学生日常生活的学生本人、家长亦须参与对学生的评价，而且学校、社会也能参与其中。评价主体的多元化，才能充分反映学生生活的方方面面，评价结果才更客观。

（2）过程性评价和终结性评价相结合。过程性评价产生于学生的日常学习过程中，是对学生的学习情况及时进行的评价，是不断生成的，能灵活反映学生的成长进步；而终结性评价是在学习结束之后进行的，主要是判定学生有没有掌握知识和能力。道德与法治教学本身应特别注重学生良好品德的养成过程，而不局限于固定性的评价，在教学中要将终结性评价和过程性评价结合起来，在生活化教学过程中对学生及时进行评价，重视学生的成长与进步，实现生活化教学的实效。

2. 评价方法

（1）多用鼓励性语言评价。学生都是渴望被肯定、被赞扬的，看似简单的鼓励性语言评价能带给学生成就感。因此，教师在教学过程中应从日常生活学习中多角度关注学生的闪光点，做出多层次的评价，比如，赞扬他的踊跃发言、认真倾听他人回答、敢于质疑的勇气等，让学生在课堂中能充分感受到教师的爱与鼓励，感受到被肯定的快乐。

（2）运用学生成长记录袋评价。这种评价方式能通过文字图像记录学生的学习生活，更加符合生活化教学的发展要求。教师可以搜集学生日常言行的点滴进步、学习成果及作品、评价的有关记录和资料，充分体现学生的个人发展特点，这种评价关注了学生成长的全过程，并且记录下了有关经历。同时还能让学生在参与到整理资料中回顾与反思，知道自己的进步和不足之处，也方便教师全面了解学生状况并及时沟通开导。

（五）开展丰富多彩的实践活动

"在新课改背景下，教师要不断创新教学方式，保证学生德、智、体、美、劳的全面发展，加强对学生的创新与实践能力的培养，防止学生思维僵化。"① 课堂与课外教学方式有效融合，能够大大激发学生学习的积极性，真正做到理论知识与实践经验相结合，大力提高学生的道德素养。开展丰富多彩的实践活动成为实现生活化教学的有力措施，并发挥着强有力的作用。在生活化教学课堂学习结束后，教师要引导学生将课堂知识运用于生活实际，开展丰富多彩的实践活动让学生自己感受体悟，使学生在生活化教学过程中能亲身经历体验。

开展丰富多彩的实践活动可从开展校内和校外实践活动两方面实现。校内实践活动是在校园内能进行的活动。开展校外实践活动可以借助家庭教育的力量。因为学生生活的主要场所还是家庭，他们的自身成长与他们的家庭密切相关。道德与法治中的许多教学内容也是建立在家庭生活的基础上，这就需要家长的配合，形成家校合力，使教学效果事半功倍。校外实践活动还要与社会实践相结合。学校或教师通过开展丰富多彩的社会实践活动促进学生综合素质的提高。

总之，小学道德与法治课程是在新课改背景下应运而生的一门以学生生活为基础的活动型综合课程，它对学生道德情操培养和认知观念的形成至关重要。新课改提出教育要回归生活，生活化教学是小学道德与法治课程教学发展的必然趋势。根据它不同于传统教学的教学特征，只有通过制定执行多维的教学目标、充实生活化教学内容、运用多样化的教学方法、构建综合性的教学评价体系及开展丰富多彩的实践活动等多方努力，才能使当前小学道德与法治课程生活化教学发展得越来越好。

---

①包红萍．基于新课改的小学道德与法治课教学策略［J］．新智慧，2022（21）：60.

第五章 小学道德与法治课的多元化教学策略

多元化理念是指教师基于多元视角，根据现阶段教学任务的安排，结合小学生的实际情况，选定相应的授课方式。这一教学理念的应用不仅有助于改善小学道德与法治课堂的教学气氛，还有助于激发小学生的学习兴趣，提升小学生的学习质量。

第一节 小学道德与法治课有效教学的提升策略

一、学校思想道德和法制有效教育的内涵及意义

（一）有效及有效教育的内涵

有效是能实现预期目的，有效果。这个解释实质是将有效限制在两个层面上：①认为有了结果便是有效，又或者相反；②认为可以实现期望，如果不能实现期望便是失败。教学可以从广义和狭义两种角度论述。广义的教学包括指教者所教与被指导者学的行为，但外延则更为宽泛；教学是指导的人或帮助正在学习的人完成的行为。具体讲，教育指的就是教与学相结合或相互结合的行为。而狭义的教育，就是指由教育工作者自觉地对被教育者进行指导的行为，如词典上对教学流程的理解即为教学者把专业知识、技能传授给学生的流程。

有效性教育是从学习导向、能力取向、发展导向三种角度论述，有效性课堂就是教学者利用学习行为的科学性，即遵循了教育基本规律，有效地吸引、保护和鼓励了学生的学习，从而相对合理地取得了理想效果的教育。有效教育要求教学者在课程规律指导下，紧紧地抓住正确的课程目标和合理教学模式，牢牢把握学生的兴趣和学业倾向的不同特征，进行有目标、有价值、高效的自主、公平的教育。

（二）小学思想道德和法制有效教育的意义

小学道德与法治这门必修课必须合理地定位和把握，也必须避免将它刻板地定位为《思想道德》和《社会》课的简单整合。学校思想道德与法治是建立在小学生的基本社会

生活基础上，为了增强学校教学的实用性与现实感，把品德教育作为学校课堂教学中的核心内容是不言而喻的，从而丰富和培养了小学生在义务教育阶段的基本社会意识与实际能力。换言之，这门综合性小学必修课既有对以往教学的传承与延伸，而又有创新的自我突破与发挥。

"在小学道德与法治的教学过程中，教师要创新教学模式，注重培养学生的道德意识，帮助学生树立正确的三观，让学生在学习中逐渐认识世界，并具有明辨是非的能力，从而提升教学的有效性。"[①] 学校道德与法治有效教育需要根据学校教育的实际需要。教学者自身教学必须做到政策强，情感强，观念新，眼界宽，价值观正确。而伦理学和法制方面的教学，必须做到强调政策性和学合理化相一致，实用性和认识性相一致，建立性和批评性相一致，基础理论性和具体实施相统一，整体性和多元化相一致，导向型教学和主体性教学相一致，显性教学和隐含教学相一致。

教学者们在实际课堂教学活动中把握好课程特点和规律，把握住课程目标、要求，按照高标准有效率地选用教学内容与手段，有实效地做到教学策略与课程的有效配合，推动了学生的政治思想素质和社会判断能力与法律实际技能在课程中的提高和成长，并促进了理想的政治品德和社会法律课程目的完成。

二、学校思想道德和法制有效教育的基本遵循原则

随着有效课堂普遍受到重视，有关的课堂研究与学术研究量也在快速上升中，但不难看出，有效的教学研究成果尽管在视角上不同、侧重点等方面也有所不同，但是在众多研究成果中普遍存在的立论焦点之一，则是抓住了有效课堂教学。综合众多国外研究成果的理论整合，根据学校道德与法治课程的实践经验，学校道德与法治有效课程应遵循以下原则：

（一）教学目标明确

学校教育应更加侧重于知识的灌输，必须在《道德与法治》教育的环境中了解部分基本概念，掌握基本思想和掌握基本方法知识，这样不但可以提高知识储备，还可以提高思维水平、判断能力，对基本的道德更加了解。如此清楚、准确、合理的课堂教学，才能够清楚、准确、合理地实现教育目的。

课程的发展是由教学者自觉地设计和安排教学活动来满足学生掌握和吸收知识的需要，所以相对完备的课程准备和适当的课程安排是必要的。教学者必须针对课堂和学生的

---

①沈婧婧．小学道德与法治课的有效教学策略与创新［J］．山西教育（教学），2021（10）：51.

实际状况，及时预测学生可能出现的问题，课堂课程出现的情况，并一一准备好解决措施与方案，有效课堂绝不是没有准备的课堂。

科学的教育过程使之遵循相应专业学科的教育特点与规律性，这样，教育工作者可以有效地把教育过程全面地、完整而细致地把握住，从而促使教育有目标、有价值、高效率地进行，小学思想道德和法制有效教育也是这样。教学者在具体的课程目标下给出明确的教学内容和课程要求，使得学生可以正确地掌握课程的重点难点；讲解的内容详细而耐心，清晰而简单，符合学生认知实际的掌握规律，使得学生在相对轻松的节奏中清晰地掌握正确而合理的课程。

（二）教学准备完善、教学组织合理

教学目的无非是将先前的理论知识储备和实践，以更加理论的形态、更容易接受的方法去进行，而不必要经过一定时间自我实践，以增加经验与精神上的消耗。有效教育在一定时期内必须使学习者可以得到其相对应量的成果，其收获量必须与前期教育投资的财力投入等相一致。如果前期投入大量资金与技术，而回报甚低，那绝不是成功教育，有效教育必须有良好的课程准备与适当的课程安排。

教育要有法则，学生无论教或学都有自己的教育法则，绝对不能背离，就如同学科特殊性规律的认识，对教育理念的掌握，对教育目标的侧重，确定了学生教育行为绝不是无意识无准备的信手拈来，而小学品德和教育法制这门课程也必须先充分考虑到学生的知识能力和知识结构背景，尔后再确定选择以什么样的教育方式才较为恰当。课堂教学规范操作都是固定的，因此，无论是以故事导入，还是以复习导入，又或者是以问题导入，这都是在课堂教学进行中的第一环节，然后再以建议、组织陈述、构建论证等方式进行阐述主体，最后加以评估、总结、升华主体，这一个循环设定都是比较平稳的。

另外，教课堂教学中不存在将教学模板化甚至是教条化就一定要照做的办法，凡可以顺应教学规则、达到课堂教学目标的教学方法就能够实现个性化课堂教学设计。

有效的教学设计在针对不同教学人群时会表现出不同的功效，而合理的课程设计则在各个时期表现出了不同的功效，但归根结底，教学者还是在这种变化过程中发挥了一种权衡变量的功能，教学者要针对不同教学内容选用不同设计，对于不同人群则选用不同方案，等等。

教学者们作为教育的实际施动者具有自己的特色与方式，无论在学科背景、知识水平、教学思想、性格特点、语言方式等均显示出千差万别，而这些差别在具体的教育实际中也有所反映。

如果说课堂的准备工作是理论预备与思维建构，那么合理的课堂组织工作则是使整个

课堂教学立体化、形象化的过程，合理课堂组织工作就是把整个课堂教学化为鲜活的动态活动，按照小学生知识水平较浅、求知欲旺盛、学习能力强等特征，按照整个课堂教学化灵动的、创新的、开放的方式进行教学，特别是低年级同学的上课活动要注意课堂纪律与课堂气氛的维系，以确保整个课堂活动按照课程目标的顺利实现而展开。

（三）启发学生思路

有效教育还必须有成效，而效益就是效果与效率的综合。如果追溯到历史文化中的教学，古代的教育追求最好结果，而且是对每个受教育者个体的最好成效；近代教育在社会生产力高度发达的大环境下要求高效，但整齐划一的教育规范、模板式的要求和传统教学方式失去了对个体的最高教学效果。

学生课堂效率高是因为教学者对课堂的实施，除教学对象的掌握、课堂准备以及课堂教学活动的进行，更要求教学者启发与激励学生，既指导学生又善于发现学生潜力。教学者在课堂实施活动中，也是全面关怀学生发展的，愿意不厌其烦地指导、热情传授、热忱帮助，真正形成良性的师生关系、教学关系，既给予他们足够的关心与重视，也可以做到真正信任他们的能力，适时地对他们加以启发和挖掘潜力。教学者也应愿意和善于与他们交流，在课堂活动中形成亦师亦友的良性教育关系。教学者要针对学生的具体状况调整合适的表达环境和表达方式，防止教学者站在大人的意识角度把课本上的知识简单化、模式化。

（四）思想开放性、个体适应性

相比于世界其他国家针对小学生教育采取的隐性教学形式，中国道德与法治课程的建立在某种程度上须加强自身课程的研发与突破。道德与法治教育教学者不仅肩负着上好这门必修课的重要责任，更具有给该课程教育的后来者指点迷津，进行思考并实施正确启发的重要责任。因此，教学者们必须经常开展深入的教育反思，无论是在课程设计还是教育理念等方面，必须潜心学习教育理论与教学方法，并勇于实施突破性尝试，在进行深入教育反思的同时，思考学科发展趋向，利用系列教育反思推动学科提升与发展。

由于学生的生长环境、学习特点等原因不同，小部分学生在上课的同时会出现一些"异端"观点。尽管这种思想与主流思想和教材观念有所不同，但针对这些思想，在道德与法治这门必修课的教育上，突显出一种针对"异端"思想的非逃避式导向，适时而合理地对其教学内容加以辅正与调整。有效教育并不能忽略课堂教学的开放性和对学生的适应性，正视他们在课堂教学进程中每一个思考的过程，并注意保护他们的每一个自主学习活动的积极性。要想使每名学生都全身心地参与课堂进程中，就要求教学者仔细认真地了解学生个性，并本着因材施教的原则，使课堂内容多样性、丰富化、个性化。

（五）饱含感情、充满激情

教学者对自身学科的热情、对教学工作的热情、对学生的热情、对课堂的语言表达要通过身体动作、表情仪态表现出来。课堂授课是讲授与练习的过程，是思想交流的过程，也是情感沟通的过程。因热爱而散发出由内而外的热情是富有吸引力的。教学者的感情与激情都会活跃促整体课堂氛围，再加上教学者对学科与教学的热情，学科背景与知识环境也都会与时俱进，不断创新，就会极大增加整体课堂的生动性与趣味性。

三、学校思想道德和法制有效教育的对策

高效课堂教学是每个教学者对自身教育实践的要求，但初步着手执行，过程中必然要不断磨炼和锻炼，最终经得起磨炼和锻炼的课程才是有效课堂。

（一）正确把握课堂方向

任何一个课程的开展，都有它自身的目标与意义。课程应保持统一性与多样化的统一，课程任务的实施也应该统一，但同时我们又应该因地制宜、因人制宜、有的放矢。学校办好道德与法治理论课的重点是生命教育，而学校道德与法治课程的教学者，应该在学生们心里埋下真善美的种子，为他们扣上第一粒纽扣。而学校道德与法治教学者更有必要仔细地研究课程标准，明确目标，对课程有宏观、全面的理解，明确了课程特点、教学理念、课程原则和重点后，以教学者所给出的具体建议实施。帮助他们在基本掌握读写算的技能基础上变成一名有思维、有文化素养、愿意认识世界、勇于组织生活、善于适应世界环境、不乏爱心、责任感强的好公民。而这样的教学定位，便把知识教育与法治和其他教学目标明显地区分开来，所以在教学中也要求按照教学者的课堂行为，根据教学目标方向把握教育核心。

课堂目标不同于教育课程，为了防止教育目标与课堂目标之间的混乱，要兼顾全面性与指向性。课堂目标应该在教育目标的启发下逐步确立和实现。通过多种活动在课堂中的体现，教学者可以利用这种教学活动更好地、全方位地实现课堂目标。在道德与法治的教育过程中，学生的思维与人格情感都要丰富，在此基础上才能主动积极地面对日常生活，形成良好的生活习惯，为适应新社会储备了必需的基础知识。同时，教学者也要将低年级学生的心理发展要求与实际能力结合起来，尤其是他们在学业与日常生活中创造能力的发展，以确保课程目标的正确实施，并增强学校思想道德建设和法制教育工作的实效性。

把道德和法律问题放置在自我学科的坐标轴中看待。我们既必须从众多课程的纵向评估上找出道德与法治课程定位——全面性，又必须从横向道德与法治课程的内在价值评估中找

寻到自身方向——指向性，从而综合判断，得出全面性与指向性的课程目标。特别应该重视三维目标应有机统筹，因为如果把三者分割或流于形式，将会造成课堂教学的低效。

（二）完善教学安排

1. 保证充足教学准备

充分的课程准备涉及知识点相当多，推进教学改革中必须保持主导性与主体性结合，教学离不开教学者的指导，同时，要加强对学生的认识发展与能力的探索，发挥其核心作用。教学者应提高自己的素养，并认真教好道德与法治课程。尽管在课堂教学中不能直接反映出教学者所倾注的努力与心血，不能具体反映教学者付出的精力与时间，却是课堂教学实效性实现与否的重要因素。课堂教学是有准备、有目的、有意义和能力的存在，绝不能只靠临场发挥和临时达意。充分的课堂准备是达到课堂教学实效性的前提。

教学者们通过对教材内容的研究，定位课程重难度，搭配合适的课堂教学方案。对专门论文的学习研究、对经济社会问题的反思、对综合传媒有关报道经验的积累，灵活运用于课程设计之中，在力争教育理论实践上给学生更多的发展空间与指引。一切促进课程发展的因素都可被称为教育资源。而随着学生年龄的扩大，学生所具备的知识储备和认识能力均有增强，因此，教学时必须明确为学生所了解，教学者所讲授的是学生所不知道的，而不是学生早已学会和了解过的。

2. 加强课堂教学组织

根据课程设置要求，提前准备班级分组笔者根据班级积极参与情况加以分配，确保每组同学在课堂上均有被启发和积极参与，将名单通知并公示。按照小组进行布置。

合理的课程安排可以保证课程的质量与效果，课堂教学过程是动态非静止的活动，要使正确的课程安排在其中发挥作用，突发状况出现之时候要求教学者适时做出调整与改变，稳妥的使课堂教学继续开展。

（三）掌握正确的教学策略

1. 善于创建教学情境

教学者要在课堂中尝试增强学生的社会现实生活感受，同时，教学者应尽力创设更贴合学生实际社会生活经历的课堂环节。同时，要分辨学习者的主观差异性，争取使每名学习者都可以完全融于情境体验中，感受并感知社会与生命。

2. 鼓励学生独立思考

学生时期最需要精神启发与培育。同时，在小学美德和法制课程的改革中也要强调灌输式教育与启发性教学的统一，强调启发性教学，指导学生通过认知提问、研究提问、思索提问，不断启发他们独立思考解决问题。由于每所学校的发展历史、家庭教育状况、环境教育条件都有很大不同，而每名学生都希望通过自己认知与理解而得到发展许可。在思想的交流中可以更有效地迸发出思想的火花，从而培育他们解决问题的能力，每一节课都带着疑问去学，在教学中可以淡化并克服提问，也会取得良好的效果。鼓励他们勇于表达自己的想法，表现自己，从各种提问中，潜移默化地锻炼他们认识问题、思考问题和解决问题。

3. 丰富教学活动

教学者既能够按照学校教学特点、课程的指向性去设定教学类别，也能够拓展学生思维，为自己匹配突破性尝试；也能够通过角色扮演让学生们切身地参与，以第一人称的视角获得第一手知识；还能够通过答辩赛，让学生们对社会的争议热门话题各抒己见，并从不同论点的阐述中让学生们能够扬长避短，从而完善思维；也能够通过小组讨论，组织学生内部协作互动，既能够让每名学生都积极地参与其中，也能够训练学生的协同合作能力；还能够仿真教学活动，比如，虚拟法庭、模拟学生身份等，但与从第三方的角度与亲身感受效果都是完全不同的。教学类型也相当多样，教学者们可针对各种教学内容灵活选用，力求实现课堂教学的最大特点，从而推动了课堂上有效教育的进行。

（四）提高教学者研究能力

教学者的教学思想要革新，必须学习辩证唯物主义与历史唯物主义，通过革新课堂教学，给予他们更深入的学习感受，引领学生形成真正的信念、学习真正的教育思想方式。尤其是学校道德和法制教学者，所面临的学生问题有着低龄化的特征，教学者只有站在专业领域前沿，了解最新的社会发展形势，掌握最新的科学发展趋势，了解最新的教育研究课题，站在前辈的教学成功经验基础上，展望教育未来走向。所以教学者科研不能仅仅为了研究目的，而是以教学为导向，以教育为落脚点，以教学服务为主旨。教学者必须对讲授教学内容有深入全面的认识，才可以在讲授中做到深入浅出、言简意赅，也只有建立比较完善的认识系统和理解水平，才能达到预测问题、游刃有余。教学者应本着对学生用心教育，对教学认真尽责，具有研究型思想，具有知识视角、国际视野、历史眼光，经过生动、深入、具体的纵横对比，将道理说明白、讲清楚，从教学前、教学中、教学后的各个环节加以理性反思与加工，从而形成自己成果，并能够给同行以指导与参考。

（五）加强教育和指导

有效教育要求在上课前做细致的课堂准备，更要求课后正确地进行评估，重视教学的过程，鼓励学生成长，评估方法多样化，重视学生的多元成长。学校的道德和法治模式要多样化，课堂效果的评估方法都应与时俱进。教学者在不断创新有效课堂的同时，也要不断更新和优化考评手段。在对学生考试中的成绩进行考核之余，教学者还要做好对学生的课堂、活动中成绩的全方位考核，这种多元化的方式才能够形成有效课堂，长此以往，形成良性循环。

注重对学生学习活动中以及学习过程中实际活动的考核，教育活动是体现课程目标和教育效果的主体，教学者对学生的考核必须真实，不要以自身的意愿来考核他们的学习行为。

学校道德与法治教学者的人品都要端正，有个性才有吸引力。教学者要有堂堂正正的灵魂，以崇高的教育品质影响学生、争取学生，以真实的能力打动学生，以渊博的知识功底获得学生，自觉做学生的好榜样，做被学生喜欢的好教学者。这样的教学者所进行的课堂评价才能够公平公正，才能良好地充分调动他们的兴趣，起到积极读书作用。同时在课堂活动中对他们的评判也要有针对性，不能对他们的行为做出大而空的泛泛评价，要多研究他们的教学情况和学习历程，多看到他们身上的闪光点，为他们的进一步成长提供途径。同时，还能够增强道德与法治课堂教学的实效性。

教学完成后，必须深入地总结与整理，这个过程一个班级或小组的代表主动自愿地完成。虽然学生的整理可能由于学习能力与自我认识不充分而不够完美，但教学者更应该给予他们分享自己想法或展示小组交流作品的时间。教学者完成教学后，要适当地进行总结及反思。适当的课后反思，既可以训练学生总结问题的意识，也可以成功地实现课堂任务。

关于小学生的品德和法律等方面的学业成绩的考核，要突破以往单一的纸笔考试的模式，以往对成绩的考核仅仅是简单的卷面成绩。而现在的创新命题方式，不但要考查学生对基本理论掌握的程度，而且需要进行更深层次意识上的考核，尤其是情感、态度、人生观。联系当前的教育实践，用科学教育理念培养新人，注重学校道德和法制课程的实践性教学，将学校道德和法制的课堂和社会大课堂紧密结合在一起。关注学生实践性的培养，以多元化的教育方式促进学校的持续发展与提高。

第二节　道德叙事法在小学道德与法治课的应用策略

叙事法在人们生活中扮演着重要角色，无论是教育领域，还是社会其他领域，都离不开叙事法。人们通过叙事，可以更加形象地了解事件的起因、经过、结果。叙事是人的思想观点的载体，向他人传递重要信息的工具。对教学而言，通过叙事法可以使学生更加直观地了解课程内容，加强学生对知识的理解和吸收。小学道德与法治主要使学生明白法治的重要性，培养学生良好的思想道德。道德与法治的开展少不了叙事，因此，道德叙事法是小学道德与法治教学工作开展的重要教学手段。

一、道德叙事法

道德叙事法指的是教师通过一个故事作为教学主线，将课程内容贯穿到叙事之中，让故事结合课程内容，延伸故事内涵和意义，让学生通过故事学到课程知识，从而使教师更好地完成教学目的。道德叙事法重点在于讲述、叙述某一个事件或多个事件，这些事件需要和课程内容相关，叙事内容要与课程内容主题一致。道德叙事法是一种特殊且常见的教学方法，它超越传统教学模式，具有独特的内涵。叙事的本质就是叙事者把信息传给他人的一种方式，因此，道德叙事法的真正内涵就是教师通过真实事件或者故事的叙述，达到课程教学目的，使学生形成良好的思想道德观念，培养学生良好的道德品格。

叙事的主体可以是过去发生的事件、正在发生的事件或将来发生的事件。这些事件可以是实际发生的，也可以是叙述者构想的。对小学道德与法治课程而言，叙事的内容应该建立在课程内容之上，融入课程知识之中，如此才能彰显道德叙事法在小学道德与法治课程中的内涵和重要意义。因此，小学教师应该在开展道德与法治课程教学时，注重道德叙事法的应用，充分挖掘道德叙事法在课程教学中的独特优势和内涵，使其成为教师开展教学的利器，从而更好地推动课程发展。

二、道德叙事法在小学道德与法治课程中的意义

（一）有助于小学生良好道德观念的形成

小学阶段，学生的心理尚不成熟，正处于思想观念建立的重要时期，学生在学习过程中，极其容易受周围环境的影响。因此，小学道德与法治课程对于学生的思想教育和培养显得十分重要。学生的学习主要来源于课堂，思想观念的形成，一方面，主要由学校教育构成；另一方面，受生活和家庭影响。在小学生日常学习中，普遍对生活中的事物充满好奇心，他们喜欢探索未知、听故事，而讨厌理论性知识。因此，在小学道德与法治课程教学中，道德叙事法正好满足了学生学习的需求，可以有效激发学生的学习欲望，点燃学生课堂学习激情，进而帮助学生形成良好的道德观念。

此外，小学生的内心情感世界比较丰富，他们具有丰富的想象力，小学教师开展道德与法治课程时，利用道德叙事法，有利于帮助学生创建一个情境化的学习世界，使学生与课程内容产生共鸣，从而帮助学生主动形成正确的价值观、人生观、学习观。所以，道德叙事法在小学道德与法治课程教学中有着不可代替的作用，其重要意义不言而喻。

（二）符合新课程标准和素质教育的要求

随着小学教育不断改革，我国新课程对小学道德与法治教师提出了更高的教学要求。小学道德与法治课程具有以下特点：

第一，课程内容主要以学生生活为基础，关注学生的生活状况，指引学生参与到学习中来，形成良好的学习习惯。

第二，注重社会主义核心价值观的培养，注重中华民族传统美德的教育，注重爱国观念的形成，培养社会主义建设者和接班人。

第三，关注学生身心发展规律，支持学生自主学习道德法律知识，引导学生在道德与法治学习中养成良好的行为习惯。

第四，结合小学生学情，设计主题鲜明的教学活动，培养学生自主思考和敢于探索的精神。

小学生年龄比较小，处于心理养成期，对生活环境的变化比较敏感，容易受身边人的影响，习惯于模仿他人的言谈举止。一些不良的因素，容易使学生误入歧途。而小学道德与法治课程正好针对这些问题展开。因此，小学教师开展道德与法治课程教学时，运用道德叙事法，正好结合了学生学习需要，可以很好地将学生从不良环境中拯救出来，使其朝着正确的方向发展。小学道德与法治新课程要求教师在教学中联系生活，突出教学重点、难点，而道德叙事法可以帮助教师凸显课程内容主题。因此，道德叙事法在小学道德与法治课程中的应用，符合新课程标准要求。我国大力推进素质教育，其中，加强学生思想道德修养是一个重要的环节。所以，道德叙事法符合素质教育工作开展的需要。

（三）有利于提高小学教师教学质量

小学道德与法治是一门综合性较强的课程，其内容较多、知识面较广，课程内容上有许多理论性知识，结合小学生学情，小学生普遍对理论性概念存在反感情绪。现阶段，许多小学教师采用传统的教学手段，对课本理论性知识进行直接讲解，学生无法正确理解课本内容，也缺少学习兴趣，教师教学效果大打折扣。但是，如果小学教师在道德与法治课程教学中采用道德叙事法则可以很好地解决这一教学难题。一方面，道德叙事法具有很强的故事性、趣味性；另一方面，道德叙事法可以将理论知识拆分转述。

教师将课本上理论性知识和概念通过故事叙述的方式讲出来，让学生在故事中学到知识，感悟到道德与法治的重要性，比教师直接对课本内容照搬照抄，站在讲台上讲道理有效得多。道德叙事法本身就有别于传统的教学方法，这种教学模式相比其他的教学模式，有着自由、轻松的特性。所以，道德叙事法可以消除学生紧张的学习情绪，创建一个活跃、轻松、自由的高效学习课堂，帮助教师更好地开展教学工作。

三、道德叙事法在小学道德与法治课程中的应用路径

"道德叙事法在小学道德与法治教学中的应用，为提升该课程德育价值开辟了一条新的途径，为学生理解、解决现实生活中的道德问题提供了极具实践性的道德思考。"[①]

（一）充分利用多媒体教学设备

对小学道德与法治教师而言，开展教学的目的在于培养学生良好的思想品德，使学生树立正确的道德观念，而不是单纯地完成课本上的知识传授。新课程标准要求小学教师需要根据学生学习情况出发，合理利用多媒体教学设备，创设教学场景，通过故事叙述的方式，使学生走入道德与法治的课程世界之中，进而感悟到课程的真谛。教师采用道德叙事法时，应该充分利用多媒体教学设备，发挥互联网教学的优势。例如，在进行安全教育时，教师不仅要通过生动形象的事件叙述使学生明白人身安全的重要性；更要充分利用多媒体教学设备，丰富学生感官的体验，使学生更加直观具体地了解事件内容。

（二）创建教学情境

学生是课堂的主体，教师是课堂教学的实施者。教师应该突出学生课堂上的主体地位，充分激发学生的学习兴趣，使学生发挥学习的积极性、创造性、主动性。例如，在开展有关"合作与信任"课程内容时，教师应该通过教学情境的创建，融入道德叙事法，培养学生的合作意识。基于有关内容，教师可以选取《瞎子与瘸子》作为教学游戏，教师为学生们分组，让学生扮演不同的角色，由教师监督，保证游戏开展过程中学生的安全。每组学员进行合作比赛，使学生通过亲身体验，体会信任与被信任的感觉，通过游戏让学生感悟到合作的重要性。游戏结束后，教师可以讲述《瞎子与瘸子》的故事，让学生通过故事更加真实地体验游戏，明白同学之间互相信任与合作的重要意义。此外，教师不仅要注重教学情境与道德叙事法的结合，更要注重学生实际生活的体验。教师进行教学时，必要的情况下，应该带领学生从课堂步入生活，在实际生活中寻找自身价值，从而达到良好的教学目的。

（三）叙事方法灵活变通

道德叙事法讲究的是因地制宜、因时而异，教师应该根据教学内容的需要，科学合理地选择叙事题材。对叙述内容而言，教师应该让学生明白事件的起因、过程、结果，应该

---

①唐敏.道德叙事法在小学道德与法治教学中的应用探究［J］.新课程（中），2019（06）：86.

对叙事内容进行深入剖析，完全挖掘事件和故事的重要内涵。知识来源于生活，道德与法治知识内容是建立在实际生活之上的。因此，教师选取叙事题材时，叙事内容应该与学生的实际生活紧密贴合，如此才有利于学生对知识更好地理解和吸收。

第三节　情境教学法在小学道德与法治课的应用策略

对教学活动来说，情境教学法就是指教师根据教学内容构建合理的教学情境，从而使学生的学习兴趣被充分激发出来，以一个良好的姿态投入学习活动中。在小学道德与法治课堂上，教师要有效运用情境教学法，加强对学生思维能力的培养，使学生参与课堂活动的主动性得到提高，培养其道德与法治意识，从而保证课堂教学效果和质量，使学生在生活中养成正确的行为习惯，促进其全面发展。

一、情境教学法

情境性的认知观点是由建构主义者提出的，强调知识不是独立在情境之外的符号，认为在可感知、情境性、具体化的活动中产生并形成知识，并借助实践活动才能够被人真正了解和运用；指出情景化的实践应用活动与学习活动密切关联，通过参加各种不同的社会实践活动，以此对相应的规则、方法进行理解和掌握，然后形成对应的知识。

就教学活动而言，构建主义理论强调要使用抛锚式、支架式、随机通达教学等方式来提高教学效果；就抛锚式教学而言，又称为实例式教学、情境教学，强调教学活动要立足于有感染力和共鸣性的真实问题或事件上。因此，情境教学法就是指在教学活动中，教师有目的地创设或引入相应的场景，使教学活动具备具体的形象和一定的情感色彩，引起学生的情感共鸣，帮助其更深地理解所教学的内容，使学生心理机能不断提升，获得更真实的情感体验的一种教学方法。

二、情境教学法在小学道德与法治课堂中的作用

（一）调动学生积极性

小学道德与法治课堂上涵盖了大量的知识点，要求学生能够记忆并运用。在以往的教学过程中，学生对于知识的记忆和积累往往只能通过对课本的死记硬背来进行，造成学生反感甚至厌恶这门学科，即使部分学生能够流利背诵道德与法治课本中的相关知识，但是在实际的考试和社会活动中，并不能对这些知识进行灵活运用。因此，现阶段小学道德与

法治的教学成效并不明显，在实践生活中学生缺少运用这些知识的能力。

"在小学道德与法治教学中，教师可采用情景教学法，确定科学的主题、生动的形式以及趣味性的活动来创设情景，从而提高课堂教学的有效性。"① 把情境教学法合理运用在小学道德与法治课堂中，不但能够使学生积极投入课堂学习中，将自己的情感融入相应的情境中，同时，还可以使其学习积极性被充分调动起来，具有更强的教学参与感和融入感，从而使学习效率不断提升。

（二）降低学习难度

在道德与法治的教学过程中，有些知识往往具有抽象性和复杂性，特别是法治内容，通常既严肃又复杂，对小学生来说，理解和掌握起来具有一定的难度，如果长时间缺乏学习兴趣和积极性，就会导致学生难以投入后续的学习活动中。而情境教学法的运用，能够使抽象的教学活动变得形象，设置符合小学生年龄和心理特点的相关情境，使学生置身于具体的场景中，使其主观能动性被充分调动起来，有效发挥心理机能的作用，在生动、有趣、生活化的场景中融入道德与法治知识，使学生更容易理解和接受。

三、情境教学法在小学道德与法治课堂中的应用策略

（一）结合学生日常生活确定情境主题

在小学道德与法治课堂上运用情境教学法时，教师需要结合学生的日常生活来确定情境教学活动的主题。教师利用创设情境来展开教学活动，主要目的就是使学生对课堂内容的学习兴趣被充分激发出来，使其学习积极性得到提高。结合学生的日常生活来确定情境教学的主题和内容，不但可以让学生在熟悉的情境中增强体验感，顺其自然地进入情境活动之中，帮助他们结合自身的活泼天性和好奇心展开学习和研究活动，还能够帮助学生建立知识内容与实际生活之间的有效联系，让他们感受到道德与法治课程的内容和实际意义，从而更好地应用于解决实际生活问题之中。

例如，在开展关于"生活离不开规则"的教学活动时，教师可以引导学生回忆日常生活中的游戏，让学生明白游戏离开规则就无法进行下去。同时生活也离不开一定的规则约束，教师可以和学生共同回忆生活中的一些规则，如在超市排队结账是遵守规则，去公园玩耍不随意践踏草坪也是遵守规则。利用这些生活中常见的规则来加强学生对规则的理解和认识，同时，还可以提出如果生活中没有规则会变成什么样等问题，让学生进行讨论。通过这种与

---

① 杨调调.浅谈情景教学法在小学道德与法治课堂中的应用［J］.名师在线，2020（14）：27.

生活相关的内容为学生创设教学情境，使学生更容易理解教材上的抽象理论知识。

（二）利用多媒体技术丰富情境表现形式

随着"互联网+"教学模式的不断推动以及教师教学理念的创新，多媒体技术被广泛应用在教育领域。在小学道德与法治课堂上合理运用情境教学的方法，就可以借助多媒体技术来创新情境，使课堂情境教学内容得以直观、生动地展现出来。在课堂上，教师在确定情境教学主题后，就可以借助互联网中的教学资源来创设丰富的情境，合理借助图画、视频、声音和投影等技术，对情境教学的创设手段和方式进行创新。

（三）根据学生兴趣创设教学情境

将情境教学法充分融入小学道德与法治课堂，除了要充分重视情境教学的主题和表现形式外，还需要教师充分结合学生的兴趣。情境教学的主要目的就是更好地完成教学任务，实现育人的教学目标，而这些内容都需要教师进行科学有效的教学活动设计，然后结合教学内容创设富有趣味性的情境，以此促进教学目标的完成。如教师可以根据小学生的性格特点以及教学需要，通过游戏的方式来开展情境教学活动，不但可以使课堂教学的趣味性增强，还能够保障课堂教学效果，促进学生道德与法治意识的提高。

（四）完善角色扮演来落实知识应用

角色扮演是小学道德与法治课堂中运用情境教学法的一个有效方式。通过创设师生、生生间符合教学内容和目标的场景进行角色扮演，通过互动交流，能够使学生获得不一样的情感体验，不断加强其对不同知识点的记忆和巩固，同时还可以使其养成在实际生活的类似场景中采取正确行动的习惯，不断落实所学知识。教师在情境教学活动中使用角色扮演时，要注意创设真实性的场景，使学生获得真实的体验，通过设置学生感兴趣的角色，增强同具体行为之间的联系，从而准确把握学习内容。

综上所述，在小学道德与法治课堂中合理运用情境教学法，通过创设具有灵活性、趣味性、真实性的场景，能够帮助教师更好地掌控课堂，避免出现教学无法进行等场面；能够借助生动的语言、先进的技术手段来渲染课堂气氛，给学生道德与法治意识的培养创造一个良好的环境。在实际应用的过程中，教师应当对每个学生的道德与法治知识进行摸底，在备课过程中融入自己的特点，从而创设出有针对性的情境，激发学生的学习兴趣，引导他们正确掌握相关知识点，为初高中的学习奠定基础。

第六章　小学道德与法治课的教学实施与评价

新课改背景下的小学道德与法治教育教学体系发生了重要转变，无论是教学实施模式还是教学评价方式方法，都变得更加科学、合理。实施教学多元化评价，充分发挥评价的实践作用，能够提高课堂教学有效性，为学生树立正确的人生观、价值观和品德观，调动学生学习积极性，激发学生内在潜力，让学生始终受到激励鼓励，促进学生学科学习自信心的养成，从而提高学生综合发展质量。

第一节　小学道德与法治课的教学组织实施

一、课程与教学组织实施

（一）课程

课程是对教育的目标、教学内容、教学活动方式的规划和设计，是教学计划、教学大纲等方面实施过程的总和。广义的课程是指学校为实现培养目标而选择的教育内容及其进程的总和，它包括学校教师所教授的各门学科和有目的、有计划的教育活动；狭义的课程是指某一门学科。课程有自己一套成熟的、具体的、可实施的策略，对培养的目标、内容和方法都做出了明确的规定，具备完善和科学的评价方法。同时，实施的过程作为课程的一个重要的组成部分，课堂中发生的事情、教师和学生在课堂中的表现，都是构成新的课程内容与目标不可或缺的一部分。

1. **课程即科目**

在历史上的很长一段时间内，人们认为课程就是所教的科目或教材。

（1）我国古代的课程有六艺：礼、乐、射、御、书、数。

（2）中世纪初期，欧洲的课程文法、修辞、辩证法、算术、几何、音乐、天文学，被称为"七艺"。西方学校就是在此学科基础上增加其他学科而形成完整的学校课程体系的。

课程分为广义和狭义两种定义：学生学习的全部科目即广义的课程；指一门学科即狭

义的课程。这种定义，实质上是把课程看成由静态的知识或知识体系构成，学生的任务就是要掌握系统的学科知识，发展自身的认知能力。这种观点往往只重视学科知识的传授，却忽视学生的兴趣、需要，不能把学生的心智发展、情操陶冶、个性培养和创造力发展等作为教学的重要目标。实际上，学校为学生提供的学习范围远超正式列入课程的学科，因为仅仅学习和掌握学科知识和内容根本不能适应社会的需要，这种课程观念下的学校不可能培养全面和谐发展的人。

2. 课程即经验

20世纪初期，一批西方课程学者认为课程就是经验，他们认为课程为学生在教师的指导下获得的经验或体验，以及学生自发获得的经验或体验。这种观点的集大成者和代表人物是杜威。这种课程观有以下特征：

（1）重视学习者的兴趣、需要和个性。

（2）重视学习者与环境的交互作用，重视教育情境的设计。

（3）重视学生的直接经验，教学中重视学生"做中学"，课程以学生实践活动的形式实施。

（4）课程的组织者和参与者是学生，它并不是凌驾于学生之上的。

这种课程观的优点和缺点都非常明显，优点是用经验来定义课程，拓展了课程的内涵：经验比知识含义更丰富，比知识的包容性更大；缺点就是此定义在实践中难以实现：在实际的教学环境中，一名教师不可能同时满足每个学生独特的个性要求，也不可能为每一名学生制订合适的课程计划。

3. 课程即活动

课程即活动这种观点认为课程是一种教育活动，它包含学生各种自主性活动。在这种观点的影响下，活动对教学来说，不是点缀，而是根本，教学与活动有高度的统一性。如果没有学生的自主活动，也就没有教学的发生，课程的目标就根本无法实现。这种观点也比较有代表性，特别是在当前新课改的背景下，也是广受关注和认同的观点。此观点认为，无论将课程定义为科目还是经验都有难以克服的局限，前者容易导致"唯知识论"，后者由于经验的抽象性，难以为教学实践中的一线教师理解和把握。

4. 课程即目标

课程即目标是将预期的结果和目标视为课程，将内容或经验看作课程手段。这种观点认为课程就是教育者希望实现的一种教学目标，或希望学生达到的学习结果。受这种课程观影响，目标的选择和制定成了教育教学的核心任务，组织、学习教育都是围绕着教育教学目标而进行的。这种课程的优点是有明确的教育目的，可操作性强；缺点是过分强调教育的计划性，没有了灵活性，不会随着教育环境及客观要求的变化而变化。但这种课程观的影响非常大，现在的课程编制中的目标模式就是由此演变而来的一种课程编制模式。

（二）教学

教学分为广义的教学和狭义的教学。

广义的教学是指教导者对学习者进行一切有目的的学习活动。教导者不一定是教师，也可以是教师以外的人。学习者也不一定非得是学生，也可以是学生以外的人。

狭义的教学是指在学校中教师引导学生所进行的一切学习活动，教学活动是在教室内完成的。但随着时代的进步和课程的拓展，教学活动的范围也随之发生了很大的变化，不再局限于教室之内。

对教学的概念有不同的认识和理解，分析这些表述方式可以帮我们深入地认识教学的本质。对于教学的定义，不同的学者有不同的观点，主要有以下几种：

第一，教学是教师的教和学生的学相互配合的活动。在这个活动过程中，学生能够学到并掌握教师所教的知识和技能，让自己身心获得发展，从而获得自己的思想、形成自己的品德。

第二，教学是一个教和学有机结合的复合体，学是教存在的基础，教是学的引导者。

教学有着不同的定义，作为课程与教学论的研究对象，人们对教学从不同的层面和不同的角度探索、分析。但是，从实践的角度出发，在研究实际的教学活动时，就要对教学有一个相对明确的界定。

（三）教学的组织实施

教学的组织实施是指用先进的教育理论做指导，采用现代化的教育方法和现代教学技术，分析教学过程中的问题和需求，确定教学目标，构思解决问题的步骤，选择相应的策略和媒体，并对教学的结果进行分析和评价的过程。它包括理解课程标准、选择教材、安排教学计划、确定教学方法、选择教学媒体等，还包括对每一节课内容的选择、讲授方法和步骤的安排、教学形式的选择、重点和难点的处理、教学媒体的选择和使用、作业的布置等。

教师通过备课来编写好教案和设计好课堂教学，教师在课堂上通过现场导演组织实施，完成教学任务，实现教学目标。一名优秀的教师不仅是一个出色的主角，更应该是一个成功的执导。教师备课时，必须完整掌握教材的内容，根据教材的内容来设计教学内容，教师只有吃透教材，才能在教学的过程中设计好各种教学活动，获得良好的课堂效果；只有以教学内容为线索，把各种教学活动有效地组成一个统一的活动整体，实现内涵的有效结合，才能取得整个课堂的预期效果。

教师在上课时要把控好整个课堂活动程序。根据教材内容安排好上课程序，教授哪个知识点时需要学生的配合，哪个知识点需要教师的重点提示和标注，各个知识点怎么去传授、衔接和过渡，并最终构成一堂完美的课。

整个课堂活动，不但要在一定的教学方法下进行，而且需要借助各种教学手段和工具去展开。比如，按授课内容，运用板书、挂图、幻灯、仪器、多媒体等教学手段，自然、合理地组织相应的提问、讨论、操作、演练等，这些都将直接影响任何一种教法的课堂效果。由此可见，"施导"教学是组织教学的内涵所在，教师发挥主导的过程也就是教师的"施导"过程，它是教师"导学"的基本形式。简言之，"施导"教学是教学的组织实施。

（四）课程与教学组织实施模式

1. 课程与教学组织实施模式的演变

在近代教育学形成独立体系之后才逐渐形成系统、完整的教学模式，而"教学模式"的概念与理论在 20 世纪 50 年代后才出现。不过，教学模式的雏形在中外教学实践和教学思想中早就存在。

传授式是古代教学最典型的模式，"讲—听—读—记—练"是它的主要结构形式，教师灌输各种知识是其主要特点。在课堂中，教师照本宣科地上课，学生只是被动地接受各种知识，每天重复地、机械地学习，没有一点主动性和积极性。

在国外，直到 17 世纪，学校才出现班级授课制度，在课堂中把讲解、质疑、问答、练习等有机结合，再加上直观教学法等活动，来构建一节完整的课，并首次提出以"感知—记忆—理解—判断"为结构形式的教学模式。

进入 19 世纪，赫尔巴特的理论代表了当时科学发展的趋势。他提出了"明了—联合—系统—方法"四阶段教学模式。学生在学习时，只有当新的经验与构成心理的统觉团中概念发生关联时，知识才可能会被学生真正掌握。因此，教师应选择正确的材料，以合适的程序提示学生，形成他们自己的学习背景或称统觉团。后来他的学生莱因又将他的四阶段教学模式改进为"预备—提示—联合—总结—应用"五阶段教学模式。

这些教学模式都有一个明显的缺点，即忽视了学生是学习中的主体，片面强调灌输方式，对学生的个性发展在某种程度上有着压抑和阻碍。

19 世纪 20 年代，赫尔巴特传统教学理论不再是主流，杜威实用主义教育理论逐渐得到了社会的认可，进而将教学模式向前推进了一大步。杜威实用主义教学模式以"学生为中心"的"做中学"为基础，以"创设情境—确定问题—占有资料—提出假设—检验假设"为基本结构顺序。这种教学模式打破了以前教学模式单一化的局面，弥补了赫尔巴特教学模式的不足，强调了学生的主体作用和活动教学，挖掘了学生发现、探索的潜能，使他们获得了探究问题和解决问题的能力，开启了现代教学模式的新思路。

当然，这种实用主义教学模式的缺陷也不少。它在一定程度上把教学过程认为是科学研究过程，极大地降低了教师在教学中的指导作用，过分强调直接经验的重要性，而忽视知识系统性的学习，对教学质量有严重的影响。因此，其在 20 世纪 50 年代遭到了社会的猛烈批评。

自 20 世纪 50 年代以来，随着科学技术的发展，科学技术在教学中得到广泛应用，教育又面临着新的挑战。在研究教学中，人们运用了新的理论和技术。因此，这一阶段在教育领域出现了许多新的教学思想和理论，产生了许多新的教学模式。

2. 课程与教学组织实施模式的发展

（1）从单一教学模式向多样化教学模式发展。20 世纪初期的教学模式，以在赫尔巴特提出"四段论"的基础上形成的"传统教学模式"为主导。后来，杜威打着反传统的旗号，提出了实用主义教学模式。自 20 世纪 20 年代以来，教学模式一直在"传统"与"反传统"之间徘徊。20 世纪 50 年代以后，随着新的教学思想和新的科学技术的出现，教学也发生了巨大的变化，出现了各种各样的教学模式。

（2）由归纳型向演绎型教学模式发展。归纳型教学模式是一种从经验中总结和形成思维的过程，这种教学模式以经验为起点。归纳型教学模式来源于教学实践总结，确定性得不到保证，某些地方无法解释。

演绎型教学模式是先提出一种科学理论假设，通过严谨的实验来验证的一种教学模式，这种教学模式以理论假设为起点。演绎型教学模式有自己的理论基础和完备的体系，能够自圆其说。

（3）由以"教"为主向以"学"为主的教学模式发展。传统教学模式重视"教"而忽视了"学"，片面地强调教师的教，而忽视了学生的学。杜威的"反传统"教学模式，学习的主体是学生，是一种以"学"为主的教学模式。重视学生的主体性是现代教学模式的发展趋势。

（4）教学模式的日益现代化。随着现代科学技术的新理论和新成果在当代教学中的广泛运用，新的教学模式也随之出现。随着电脑等先进的科技成果在一些教学中的应用，科技含量在教学中所占比例也越来越高，为设计新的教学模式提供了不可或缺的教学条件。

二、道德与法治课程的教学组织实施

（一）道德与法治课程的教学组织实施方法

道德与法治课程的教学组织实施是以生活德育、实践德育和生活理念为指导，以学生的社会生活为基础，以帮助学生参与社会、学习做人为课程实施的价值追求。作为以育人为宗旨的综合性课程，在组织实施时，要运用一定的策略和方法。

1. 贴近学生生活

生活的过程就是道德与法治思想学习和体现的过程。课程学习本身是学生生活的组成部分，是学生在教师指导下真实体验生活、主动参与生活、创造生活的过程。教师要遵循学生生活的逻辑，从学生生活中的需要和问题出发，以学生现实生活为课程内容的主要源泉；用正确的价值观引导学生在生活中发展、在发展中生活。

道德与法治的教学须从贴近学生的现实生活出发，在进行生活常识教育、社会常识教学的同时，合理而自然地进行品德与法治教育。因此，在道德与法治课程与教学组织实施时，必须贴近学生生活。在遵循学生生活的环境和教材主体教育思想的前提下，结合当地的实际情况和本班学生的社会生活实际，设计科学性和可行性的课堂教学活动方案。通过教学方案的实施，引导学生在真实的生活中学习道德与法治，在正确的价值观引导下学会生活。

2. 调动学生的参与热情

充分调动学生的参与热情，引导学生主动参与各类教学活动，是道德与法治课程教学的一大特点。教师要充分激发学生的积极性，引导学生积极参与、发表自己的意见、参与活动评价等，发展他们的自主性、思考力与判断能力，让教学活动真正成为学生的活动。

教师在设计道德与法治的教学预案时，应该注意以下几方面：

（1）充分了解学生。了解学生是教育好学生的前提条件之一，是教师关爱学生的体现。了解学生所掌握的知识、经验和生活经历等情况，精准把握和策划学习活动的切入点和生长点，指导学生自主性合作、探究性学习，以推进课程意义的动态生成。

（2）充分了解每个学生之间的差异。尊重学生的主体地位，尊重学生的个性发展。以平等的身份与学生进行情感交流，尊重学生的人格，努力营造一个民主、和谐、宽松、愉悦的课堂氛围，使学生的主体性、能动性、独立性、体验性、探究性得到不断发展和提升。准确地为每个学生的反思和个性表现提供所需的时空。

（3）尊重每个学生的学习权利。道德与法治课程教学的组织实施要坚持人文取向，体现对班级每个学生的关爱，尊重每个学生应有的权利。

（4）引导学生自主学习。自主学习能力是学生在学习活动中表现出来的一种综合能力，有利于优化课堂教学，提高教学效率。在教学中，引导学生联系自己身边具体、熟悉的事物来学习，放手让学生自主地观察，自主地搜集信息，发现问题。

3. 重视道德与法治教育的实效性

道德与法治课程与教学的组织实施肩负着进行思想道德教育的特殊使命，其正确性、实效性必须得到保证。教师在进行道德与法治教学备课时，不能只局限于道德知识与法治知识的传授，还要在设计中通过科学、有效、生动的教学情境，来加强学生的道德与法治的情感体验，引发学生深层次、全方位的道德与法治思考，并引导学生将在课堂学到的知识引入课外的生活实践中，使每个学生都有学习收获，从而增强其道德与法治课教学的实效性。突出道德与法治课教学育人的实效性，课堂的列举必须真实，设计的讨论问题必须真实和针对性强，能调动学生学习的主动性和创造性。

4. 丰富教学内容和教学形式

道德与法治课程教学要有丰富的教学内容和多样的教学形式，教学目标随活动过程的变化和需要不断调整；教学内容从教科书扩展到学生生活的各方面；课堂从教室扩展到家庭、社区及学生的其他生活空间；教学时间在与学校其他活动或学科的配合和联结中灵活而弹性地延展；课程评价走向开放、多元，全面关注学生丰富多彩的体验和个性化的创意与表现。

教师要丰富教学内容，开展多种多样的教学形式，给学生带去更多新鲜的体验，实现理论课程学习的生动化和多样化。在教学形式上要多样化。随着信息化时代的发展，信息技术工具在当下课堂教学中的使用变得越来越普遍，要充分利用现代化教学设备，给学生创建生动、形象的教学情境，让学生可以获得真真切切的感受，激发学生的情感，实现教学目标。

5. 关注实践教学，实现学生的知行合一

道德与法治课程教学超越单一的书本知识的传递和接受，目的是让学生树立科学的世界观、人生观和价值观，使他们成为有理想、有纪律、有文化、有道德的合格公民。通过学生直接参与的各种主题活动、游戏或其他实践活动来促进学生知行合一。

（二）道德与法治课程教学组织实施的形式

1. 课堂教学是道德与法治课程教学实施的基本手段

课堂是教育教学中普遍使用的一种手段，是指一种目标明确、有计划、有组织、有步

骤的教师的教与学生的学相结合的双边活动过程。

班级教学是课堂教学的主要形式。班级教学可以让相同或相近年龄和知识程度的学生在一起，扩大教育对象，加快教学进度，扩大学生的知识领域，增强学习兴趣，减轻学习压力，提高教学质量，从而提高教学效率。

（1）更新教学观念，适应新课改要求。在新课改的大背景下，教师要做一名优秀的引导者，组织学生主动地探索知识，从而获取知识和能力。

第一，关注学生。教学活动是学生学与教师教的统一，学生是学习的主体。备课时教师不能单纯考虑教材知识，不能让学生迷信教材，让他们被动地听教师讲授教材，被动地获取书本知识，要考虑学生知识现状和能力水平，精心设计练习题和能体现学生主体地位的教学方法。

第二，保障学生的主体地位。教师应善于引导学生认识自己的主体地位，自我激发学习兴趣，主动地学习。课堂时间由教师主要占用变为学生主要使用，给学生提供较多回答问题、讨论问题、解决问题的机会，改变以往以教师为中心的教学结构。要充分利用各种教学手段，调动学生学习的主动性。比如，在课堂上留给学生充分的质疑空间，全方位、多渠道培养学生的质疑能力，使学生从被动学习变为主动学习，达到拓展学生思维的目的。

第三，开展探究性学习。组织学生对一些真实案例进行讨论交流和探究，让他们说出自己的看法和见解，从而提高学生分析和处理道德、法律问题的能力，有效提高道德与法治教育的实效性。

（2）认真做好教学准备。

第一，制订有针对性的教学活动计划。教学活动的目标力求全面、明确、具体，并能通过活动得以实现。教师要注意个别差异，关注有特殊需要的学生，考虑如何帮助每个学生找到适合自己的活动，以促使他们积极地参与。

第二，安排相对灵活、开放的教学活动时间。教学活动可在一课时内完成，也可持续几课时或一段时间；可在课堂上完成，也可以安排必要的课前准备活动或课后延伸活动。

第三，选择适合学生的教学内容。教师要选择适合学生的实际生活、兴趣和需要的内容；选择学生成长中所遇到的困惑与问题，提高教学的针对性；选择发生在本校本地的重大事件或有意义的公益活动、科学技术的新成果；选择学生感兴趣的当地自然现象、与学生关系密切的热点问题等，开展教学活动。保持课程内容的丰富与鲜活。

（3）创设多种教学情境。小学生好奇心强，注意力持续时间短，形象思维发达。结合这些特点，教师要以学生为本，因材施教，积极创设多种轻松、愉快的教学情境，激发学生的学习兴趣，引导学生学会自主学习。

第一，创设和谐的人际关系，让师生成为朋友。教学是教师和学生的双向交流。那种教师高高在上、学生乖乖听话的师生关系对学生的学习和发展非常不利。现代新型的师生关系应该是平等、民主、和谐的，师生应成为朋友，学生应在学习中处于主体地位，增强学习的主动性。

第二，创设轻松的学习氛围，为学生减轻负担。在教学中要实施民主教学，突出平等学习。通过改变评价策略和方式，减轻学生学习压力。由单一的分数评价改变为评价学生付出的努力、学习的态度、学习的方法、持之以恒的耐心等。轻松的学习环境能够使学生从烦琐的作业练习中解放出来，自主、愉快地学习。

第三，创设有趣的游戏、活动情境，让学生好学、乐学。能够真正调动起学生学习积极性的就是"趣味"，课堂教学中要根据教材的内容特点和学生的心理特征，采取多种形式，创设生动的游戏、活动情境，让他们在玩游戏和活动的过程中调控学习情绪，活跃气氛，训练思维，既能提高学生的学习兴趣，又能恰当地进行思想道德教育。

（4）以积极的情绪影响学生。教师的情感在教育教学中发挥着重要的作用。情绪具有极强的感染性，教师情绪的好坏会通过自身的言行、举止反映出来，进而影响学生的情绪。当教师一脸笑容地走进教室，以热情的语气肯定学生，用赞美的眼光激励学生时，学生的心情自然会舒展、轻松，心里就会充满幸福的喜悦和成就感。健康的情绪能引导人积极向上，不良的情绪则会阻碍人健康成长。

热爱教育事业，热爱学生，热爱所教学科是教师必须具备的情感品质，是教师在教育事业中发挥创造性直至成功的动力，同时也对学生起着直接或间接的感染作用。

工作中教师要做到精神饱满，热情、负责，关心、热爱学生，用自己积极的情感感染学生，主动为学生营造一个健康向上的心理环境，让学生心情愉快，思路开阔，想象丰富。

教师要鼓励学生正确地面对和控制自己的不良情绪，并对他们所做出的努力表示肯定，对他们所取得的成绩给予赞扬。只有当学生感受到教师是信任自己的，是真正关心自己的时候，学生才会乐于和教师积极配合。

（5）构建科学评价体系。

第一，道德与法治课程评价的主要目的是激励每个学生的发展，促进每个学生的品德发展与生活能力提升。教师要尊重每个学生在品德与行为习惯、生活态度及探究能力方面发展的独特性。评价不仅是为了了解学生的学习结果，评价本身就是学生丰富多彩的学习过程，在评价过程中，学生彼此讲述活动过程、分享探究发现和活动体验、交流作品和活动心得，都是学生学习的生动体现。

第二，倡导多元、开放、整体的学生评价观。道德与法治课程教学的评价促进思想道德和法治素养的形成和发展。评价既要关注学生的学习结果，更要关注学生的学习过程，要把终结性评价与形成性评价有机地结合起来。只有变过去的"单一评价"为"多元评价"，才能客观、公正地对学生、教师、教学等发展情况做出全面、准确、合理的评价。

第三，关注过程评价。只有注重过程评价，才能深入学生的学习过程，有效地帮助学生形成积极的学习态度和探究精神，注重学生在学习过程中的情感体验、价值观的形成，实现情感态度与价值观、行为与习惯、知识与技能、过程与方法的全面发展。

关注过程的教学评价必须伴随学习的全过程。教师要随时关注学生在课堂上的表现和反应，采用多种途径对评价进行反馈，及时给予必要的、适当的鼓励和指导，科学应用鼓励性评价和指导性评价等方法。

2. 活动教学是道德与法治课程教学实施的基本形式

活动是道德与法治课程教学实施的基本形式。通过引导学生主动参与各类活动来进行教学，是道德与法治课程教学实施的具体形式和特点。活动教学可以结合课堂教学进行，也可以引导学生通过观察、调查、讨论、参观、访问、制作、种植、饲养、交流等多种方式进行学习，通过与环境互动、与同伴合作，来获得对自然与社会的亲身体验和感受，获得丰富的知识或经验，获得创造性和实践能力的发展。

（1）活动准备。

第一，了解课程，把握课程目标。在活动教学中深刻地理解课程的本质，是开展活动教学的根本，也是保证课程质量的最重要、最基本的条件。在道德与法治课程教学实施过程中始终把培养品德良好、乐于探究、热爱生活、崇尚法治的学生作为教学的出发点和归宿。

第二，熟悉教材，选择教学内容。教材是教师引导学生开展活动的重要资源，是帮助教师正确理解课程教学特点的"案例"。在使用教材时，结合实际创造性地选择适合的内容，生成适宜的活动，提高教学的实效性。关注学生的实际生活、兴趣和需要、学生成长中所遇到的困惑与问题，从中捕捉有教育价值的课题作为教学内容或课程的生长点，提升活动教学的效果。

第三，了解学生，增强活动教学的针对性。道德与法治课程的教学，必须深入了解学生的实际生活和发展状况，掌握每个学生的特点和各不相同的需要。通过观察去了解、注意他们的情绪变化和行为表现，了解成长中学生的生活习惯、行为习惯。通过交流，了解学生的兴趣爱好，增进师生情感。开展家访，了解学生及其家庭、社区的实际状况，为道德与法治课程教学的组织实施提供基础。

第四，选择适宜的活动形式。活动形式要服从于内容，教师要根据学生的生活经验、认识能力、学习方式、活动目标、内容、条件、资源、班额等，选择适宜的活动形式，如游戏、表演、体验、制作、猜谜、探秘、调查、讲故事等。"课堂教学活动形式不拘一格，教师要有整合优化意识，对教学活动形式展开创新推演，由此提升教学活动的适合性，为学生创设丰富实践环境。"①

（2）活动过程。

第一，让活动真正成为学生的活动。让学生成为活动的主人。教师可以通过与学生一起讨论活动计划，提供选择活动内容、方式或合作对象的机会，引导学生积极地参与、发表自己的意见。学生根据自己的爱好，自主选择活动的主题、内容、材料、方式，制订活动计划，表达自己的观点。让学生参与活动评价，发展学生的自主性、思考与判断能力，让活动真正成为学生的活动。

第二，关注活动过程。活动过程是学生的情感、态度、认识能力、品德和行为习惯、学习方式与特点等比较充分地展现与逐步形成的过程。关注活动过程不仅为教师了解学生提供了丰富的信息，还为教育学生、促进每个学生在原有水平上发展，提供了充分的依据。活动过程中师生相互作用的质量、同伴间的冲突与合作、家庭或社会因素的影响等，都直接关系着学生的感受、体验和认识，影响着教育的实际效果。

第三，加强引导、提升。教师要善于从生活中敏感地捕捉有教育价值的课题，用正确的价值观进行引导，使学生在自己喜欢的活动中获得发展。教师要创设条件，力求让每个学生都能平等地体验、经历活动过程，让所有学生都能够获得参加学习活动的机会和权利。引导学生采用多样化的活动方式，尤其要鼓励学生动手做，如语言、绘画、音乐、动作、表演、作文等，让学生尽可能多地体验到成功感，增强自信心。

（3）活动小结。学生品德、行为习惯和法治素养的形成，知识和经验的积累，能力与智慧的增长，是在其生活中综合地实现的，是一个连续的发展过程。因此，学生通过活动教学获得的经验与体会要及时通过总结加以巩固和提高。

（三）道德与法治课程教学组织实施的环节

1. 备课

（1）明确思想政治教育的根本任务。道德与法治课是落实立德树人根本任务的关键课程，要以政治认同、家国情怀、道德修养、法治意识、文化素养为重点，以爱党、爱国、爱社会主义、爱人民、爱集体为主线，坚持爱国和爱党、爱社会主义相统一，系统进行中国特色社会主义和中国梦教育、社会主义核心价值观教育、法治教育、劳动教育、心理健

---

①顾黄燕 . 小学道德与法治教学活动组织策略 ［J］. 中小学校长，2018（11）：54.

康教育、中华优秀传统文化教育。全面提升学生思想政治理论素养，实现知、情、意、行的统一。

（2）钻研教材是备好课的必要条件。明确道德与法治课程的总目标、具体目标及教材的重点与难点，是开展教学工作的前提。只有理解了总目标、具体目标以及教材的重点与难点，才能根据本班实际，科学、合理分配课时比重、时间，为教案编写奠定基础。

第一，提出尊重学生生活的独立价值。学生是具有完整生命的人，学生阶段是人生之中具有独立价值的时期，每个学生都具有独立的人格和独特的存在价值，因此，学生生活不仅是为成年生活做准备的阶段。为了落实尊重学生的理念，教材力求呈现一个学生的生活世界，建构一种学生文化，让教材富有童心和童趣。

第二，强调品德培养回归生活。学生的生活是多姿多彩的，道德教育就是要使学生在多姿多彩的生活中选择一种更有价值、更具意义的生活，并通过这样的生活来涵养他们的品德。我们可以把德育教材和教师比作"蜡烛"，以此来点亮学生的生活世界，让他们看到一些平时看不到或者熟视无睹的却更有价值、更有意义的可能生活，并引导他们尝试过这种生活。从学生想要的东西切入，通过留白的"心愿单"来关注学生的真实生活；然后引导学生思考自己想要的东西，引导他们澄清想要的理由；最后给予学生指导，帮助他们克服"知道不该要，但还是想要"的心理障碍，由此引导他们超越生活。

第三，激活学生发展的"活性因子"。由于受传统知识论课程观的影响，人们往往将教材当作确定的、权威的知识，教材就成了学生学习和记忆的对象。新教材基于经验论课程观和建构主义教育理论，将教材的功能定位为激活学生自我发展的"活性因子"。教材仅仅是学生学习活动所凭借的话题或范例，而不是学习和记忆的对象。因此，在教学中，要重视教材中的主持人问题、留白和省略号的设计，以此来引导学生关注生活中遇到的真实问题，努力让教材成为与学生对话的文本，要调适教材自身与学习者的关系，建构一种对话式的关系模型。

第四，致力于公民素养教育的法治教育。《道德与法治》教材中的法治教育是一种公民素养教育，法治精神与法治意识的培养是第一位的，法律知识的学习是第二位的。教材关注学生生活和学生发展的特点，低年级的法治教育更多体现为规则教育，为今后的法治教育打好基础；高年级的法治教育则是在生活情境中渗透法律条文，并通过这些情境培养学生的法治精神和法治意识。相应地，教学也要从学生的生活情境和需求出发，从而更好地培养学生的法治精神和法治意识。

第五，通过生活事件实现道德与法治教育的融合。对于不能融合的主题不做机械的融合，能够融合的主题，也要区分道德教育与法治教育的层次，将道德教育定位为软性的要求和高尚的选择，而将法治教育定位为刚性的要求和底线的保障。

（3）教师个体备课和教师集体备课相融合。在教学实践中，教师个体备课和教师集体备课常常是可以有效结合在一起的。教师个体备课强化每个教师的备课体验和加大备课深度；教师集体备课既是同伴互助的一种形式，集教师集体之力量进一步拓展备课的广度和深度，也是促进教师专业成长的最现实的途径之一。

（4）教学设计的撰写。小学道德与法治的教学设计一般应包括以下内容：

第一，学生基本情况的分析。这是开展道德与法治教学的基本要求，小学高、中、低年级学生的特点是不同的，所处的社会环境、家庭环境、学习接受能力等是不同的，只有认真分析学生的情况，才能发挥道德与法治这门课程的作用。

第二，教材和教学内容的分析。根据教学内容和不同年龄段学生的特点，通过课堂教学、师生的互动、学生的探究达到教学目标。

第三，教学目标的确定。教学目标是依据课程目标设计的，课程目标应贯穿和体现于教学目标之中，因此教学目标的内容范围与课程目标应该是一致的。道德与法治课程是"情感态度与价值观""行为与习惯""知识与技能""过程与方法"四个方面的目标有机联系的整体。

情感态度与价值观目标，是学生对过程或结果体验后的倾向和感受，是对学习过程和结果的主观经验，又叫体验性目标。它有认同、体会、内化三个层次。

行为与习惯目标，是学生学习课程后，在行为与习惯方面应达到的水准。它包括经历，参与相关活动、建立感性认识、领悟正确的行为方式；模仿，学生能依据课程内容中的一定的知识或规范，进行模仿或操作（练），并达到正确；习惯，指学生经过反复练习，能按正确的行为规则在相应的情境中，自觉、独立地行动，并达到正确。

知识与技能目标，是对学生学习结果的描述，即学生通过学习所要达到的结果，又叫结果性目标。这种目标一般有三个层次的要求：学懂、学会、能应用。

过程与方法目标，是学生在教师的指导下，如何获取知识和技能的程序和具体做法，是过程中的目标，又叫程序性目标。这种目标强调三个过程：做中学、学中做、反思。

知识与技能目标是过程与方法目标、情感态度与价值观目标的基础，过程与方法目标是实现知识与技能目标的载体，情感态度与价值观目标对其他目标有重要的促进和优化作用，行为与习惯目标是教学最后要达到的实践目标。

第四，重点、难点的确立。教学重点是教学目标中所要完成的最基本、最主要的内容。教学重点是教材中关键性的、最重要的中心内容，对于巩固旧知识和学习新知识都起着决定性作用。教学重点一般是以本节课的教学目标为基础。

教学难点是教学中难以理解或领会的内容，可以是情感、态度、价值观，或较抽象，或较复杂，或较深奥。教学难点主要是教材的难度大。教材本身从内容、形式到语言都有难易之分。抽象的、宏观的内容难度大；具体的、与学生生活距离小的，难度就小些；形式有单一的，也有复杂的。语言有晦涩难懂的，也有明白易懂的。教学难点还由学生知识基础和接受能力决定的。

第五，教学手段的确定。道德与法治课程的教学手段是根据教学目标和内容确定的。

讲授教学。道德与法治的教学内容是根据学生的年龄特点设置的，教材生动活泼、图文并茂，能够很好地满足小学生的学习需求。教师在进行课堂教学时，也应该坚持以人为本的教学原则，把学生作为教学过程中的主体，一切教学活动都要依据学生的学习能力来安排，让学生能够更好地适应学习。一般来说，小学生思维比较简单，看待问题比较表面，理解不了特别抽象的学术术语和专业解释，相对来说，直观的教学方法能更容易让学生接受和理解。

情境教学。情境教学是通过教师设定特别的教学场景，让学生能参与其中，共同完成教学活动。情境教学能够带动学生的学习积极性，凝聚学生的注意力，让学生能专心致志地参与到教学活动中来。同时，情境教学还能锻炼学生的沟通交流能力和语言表达能力，使学生学会怎样更好地与小伙伴合作，提高学生的交际能力，活跃班级气氛，营造和谐、团结的班级风貌。

活动教学。学习是为生活服务的，学习知识也是为了更好地参与社会生活，学以致用是学习的根本，活动教学要将课堂学习到的知识与生活实际相联系，让学生能体验到知识的力量。

多媒体教学。教师利用多媒体教学技术有利于激发学生的学习兴趣，突破教学重点、难点，大大增加课堂信息量。在道德与法治教学中，教师运用多媒体课件，再配上解说，创设积极的课堂教学情境，能够使抽象的、难懂的教学内容变得更加直观、形象，易于学生理解和接受，有助于激发学生学习道德与法治课的热情。同时，多媒体的运用要适量、恰当。一般来说，单个课件的时间应控制在 2~3 分钟，总时间控制在 10 分钟左右。多媒体所提供的教学材料既要与学生的实际情况相符，又要与教学内容相一致。

2. 组织教学

组织教学是道德与法治教学工作的中心环节，教学效果直接关系到道德与法治的教学质量。组织教学既包括上课前的学生学习状态调整，也包括上课过程中教与学的活动中的监控与调整。课前的组织教学有激发学生学习兴趣的作用，教师通过目光注视、语言交流、鼓励、师生相互间问好，让学生进入上课状态。

（1）复习提问。在讲述新的知识点前，对前面学习的知识要精心设计提问，要有目的性。

第一，设置的问题能激起学生的学习动机。问题要明确，问什么，怎么问，既要讲究方式又要表达清楚，这样学生才不会无目的地乱想，教师提问要考虑学生知识基础、心理特点。

第二，提出的问题要有层次。循序渐进的提问才能使学生有一个清晰的思路。教师提出的多个问题，要层次分明，通过问题引领学生进行层层深入的思考。提问要留给学生充足的思考时间，提问要满足学生探究的需要。有梯度、有层次性、由浅入深，从学生的角度设计问题，以有效的问题设计走向对话。学生交流受阻时需要教师进行调控、改变，教会学生提问，引导学生会问。

第三，提出的问题要具有挑战性。提问能激起学生求知欲望，从培养学生创造性思维的需要去提问，从培养学生创新精神的需要去提问。

（2）导入新课。导入是衔接复习旧课与讲授新课的重要环节，设计好一节课的导入语，可以为整节课的顺利进行打下良好的基础。

第一，导入语的作用。集中学生注意力。注意是一种心理特性，任何心理过程的发生和进行都离不开注意的伴随。上课开始时把学生的注意力迅速集中并指向特定的教学任务和程序，为完成新的教学任务做好心理上的准备，使学生的兴奋点转移到课堂上来。

激发学习兴趣。兴趣是最好的教师，只有当学生对学习内容产生浓厚的兴趣时，才不会仅仅是为了学习而学习，而会产生探究的欲望。导入语可以采取出人意料的形式，看似与本课毫无关联，但通过教师的引导，不仅能抓住人的眼球，有一定的趣味性，而且能成功地实现学生注意力的转移，激发学生对于进一步学习课文的主动性。

创设学习氛围。运用导入语，描述一幅画面，或创设一个身临其境的情境，让学生身处其中，尽快进入教学的主题。

调动学生情绪。有经验的教师总在导入时主动和学生进行心理沟通，活跃课堂气氛。创造和谐、愉快的课堂氛围，使学生在心理上接受教师，在快乐中学习。教师如果紧扣教学内容以趣事开讲，就能直接引发学生的学习兴趣，诱使学生一开始就进入"乐学"境界，使难懂的知识变得易学，使枯燥的内容变得有趣。

引起学生思考。在明确学习目标的基础上，带着问题去学习是最好的方法，因此，好的导入语还应引起学生思考，促使其主动寻求答案，进行探索式学习。

衔接新旧知识。在学习的过程中，设计的导入语将两节课联系起来，在让学生进入新课的学习之前帮助学生回忆旧课知识，从上一堂课的内容出发，找到两节课内容的关联性，则不仅能自然地引入新的知识，而且能够帮助学生在脑海中构建一个更完整的知识体系，而清晰的知识结构有利于学生对于知识的记忆与运用。

明确学习目的。在导入的时候，教师要概述新课的主要内容及教学程序，明确学习目标和要求，引起学生思想重视并准备参与教学活动。

第二，导入语的基本要求。教师要精心设计导入语，要充分发挥导入环节的作用。导入语要求能够集中学生注意力，激发学习兴趣，创设学习氛围，调动学生情绪，引起学生思考，衔接新旧知识，明确学习目的。

导入语应简洁。考虑课堂教学的整体功能，也要考虑课堂时间。导入的时间不宜过长，一般为 1~3 分钟，最长不要超过 5 分钟，这是因为导入语并不是课程本身，而是新课程的引入。

导入语应有针对性。导入语的设计以教学内容为基础，针对教学内容的实际需要去设计导入形式和导入语，同时，也要考虑学生的特点。导入语在逻辑上操作方向明确，与内容有内在的逻辑联系，主题吻合度高。

导入语要新颖、巧妙，语言精练，有吸引力，有感染力。导入语只有新颖、多样，才能吸引学生，才能出奇制胜，取得较好的教学效果。

导入语要准确。导入语不能随意，不要说一番与教学内容无关的话语，要注意课堂的严肃性。

（3）学习新课。学习新课是课堂教学最重要的部分，时间和内容比重都是最大的。课堂教学中教师要注意学生的主体地位、教学的组织有序、问题设置的有效性，还要注意巩固练习、教学评价反馈的有效性。

在课堂教学中，为了实现教学目标，教师必须根据学生、环境、教学内容等因素的变化调节、控制课堂教学行为，维持教学秩序，集中学生的注意力，激发学生的学习兴趣，调动学生的学习积极性，控制教学节奏，调整教学方向，使课堂教学保持在实现教学目标的正确方向上。教师在课堂教学中的组织教学包括以下几方面：

第一，练习内容的控制。学生练习的范围应限于本节课的主要内容，并考虑这些练习与本单元知识的关系；练习的难易应考虑学生身心发展的客观规律，过难或过易都不能激发学生的学习兴趣。练习速度应考虑规定单位时间内完成的练习量。

第二，反馈信息的控制。教师要把握正确的教学反馈信息。反馈信息必须是简洁的，应体现出科学性。反馈要及时，只有及时才能强化学生正确的认识。

第三，教师的自我控制。教师在讲授的同时，必须充分利用自己的感官来捕捉学生反馈的信息，以随时修正教学速度、方向及方式。因此，课堂教学应要求教师通过自我控制达到动态调整教学行为。但是，注意减少教学的随意性，切忌在教学中随心所欲地改变教学计划。注意把握课堂教学中预设与生成的科学规律。

第四，课堂纪律的控制。课堂纪律直接影响教师和学生两个系统对教学信息的输出、接收和反馈。因此，课堂纪律必须由师生共同努力来管理。切忌大面积地训斥和惩罚，切忌教师在面对学生不良行为时无奈弃管课堂，切忌随意找班主任汇报，交班主任处理；时间长了会降低教师的威信，影响授课教师调控课堂的能力。

课堂组织能力是一种综合能力，事关教学质量和教学效果，需要教师灵活、恰当地运用各种教学技巧，组织课堂，调控课堂。善于组织教学的教师，在课堂上能根据教育规律和学生心理特点，巧妙运用各种教学手段，对教学内容做出合理安排，创设适宜的教学情境。

（4）小结、课堂练习。小结是对课堂教学内容的归纳和总结，小学道德与法治课程需要对一节课所学的内容进行归纳，以便于学生更好地掌握所学内容和行为要求。课堂练习是学生复习巩固知识、反馈教学效果的重要方式，教师要根据课程标准的要求、教材的内容和学生的实际精心设计与布置课堂练习或实践活动，并保证课堂练习质量、批改水平并及时做出点评，确保学习效果。

3. 课外实践活动

课外实践活动是道德与法治课程的一个重要特点，通过课堂学习，将行为要求与生活实际结合起来，培养学生良好的公民道德素质和勇于探究的创新精神与实践能力。

第二节　小学道德与法治课的教学评价新路向

一、教学评价

（一）教学评价的内涵及特点

1. 教学评价的内涵

教学评价是根据一定的教育目标，运用可行的科学手段，对教育现象及其效果进行价值判断，从而为教育决策提供教育依据，以改进教育服务的过程。"教学评价是课程活动体系中的重要组成部分，如何在教学评价中赢得令人期待的'德智互动'效益，是当前'立德树人'理念下小学道德与法治课程活动中的一项重大课题。"①

2. 教学评价的特点

20世纪80年代以来，越来越多的国家开始意识到实现课程变革的必要条件之一就是

①张红．摭谈立德树人下小学道德与法治教学评价策略［J］．吉林教育，2019（12）：21.

要建立与之相适应的评价体系和评价工作模式。因此，课程评价改革成为世界各国课程改革的重要组成部分。总的来说，教学评价体现出以下特点：

（1）重视发展，淡化甄别与选拔，实现评价功能的转化。评价的功能不只是检查学生知识、技能的掌握情况，更为关注学生掌握知识、技能的过程与方法，以及与之相伴随的情感态度与价值观的形成。评价不再是为了甄别和选拔，不是选拔适合教育的学生，而是为了如何发挥评价的激励作用，关注学生成长与进步的状况，并通过分析、指导，提出改进计划来促进学生的发展。

（2）重视综合评价，关注个体差异，实现评价指标的多元化。从过分关注学业成就逐步转向对综合素质的考查。学业成就曾经是考查学生发展、教师业绩和学校办学水平的重要指标，但随着社会的发展，竞争加剧、网络与信息时代的来临，仅仅掌握知识与技能已远远不能适应社会对人发展的要求，于是全球都在进行关于"教育与人"的讨论，学业成就作为评价单一指标的局限突显出来。在关注学业成就的同时，人们开始关注个体发展的其他方面，如积极的学习态度、创新精神、分析与解决问题的能力，以及正确的人生观、价值观等，从考查学生学到了什么，到对学生是否学会学习、学会生存、学会合作、学会做人等进行考查和综合评价。

（3）强调质性评价，定性与定量相结合，实现评价方法的多样化。随着评价内容的综合化，当以量化的方式描述、评定一个人的发展状况时则表现出僵化、简单化和表面化的特点，学生发展的生动活泼和丰富性、学生的个性特点、学生的努力和进步都被消灭在一组组抽象的数据中。质性评价的方法则以其全面、深入、真实再现评价对象的特点和发展趋势的优点受到欢迎，成为近年来世界各国课程改革倡导的评价方法。

质性评价从本质上并不排斥量化的评价，它常常与量化的评价结果整合应用。因此，将定性评价与定量评价结合起来，应用多种评价方法，将有利于更清晰、更准确地描述学生、教师的发展状况。

（4）强调参与和互动、自评与他评相结合，实现评价主体的多元化。被评价者从被动接受评价逐步转向主动参与评价。一改以往以管理者为主的单一评价主体的现象，目前，世界各国的教育评价逐步成为由教师、学生、家长、管理者，甚至包括专业研究人员共同参与的交互过程，这也是教育过程逐步民主化、人性化发展的体现。这样，传统的被评价者成了评价主体中的一员，在评价主体扩展的同时，重视评价者与被评价者之间的互动，在平等、民主的互动中关注被评价者发展的需要，共同承担促进其发展的职责。

（5）注重过程，终结性评价与形成性评价相结合，实现评价重心的转移。近年来，评价重心逐渐转向更多地关注学生求知的过程、探究的过程和努力的过程，关注学生、教师和学校在各个时期的进步状况。只有关注过程，评价才可能深入学生发展的进程，及时了解学生在发展中遇到的问题、所做出的努力以及取得的进步，这样才有可能对学生的持续发展和提高进行有效指导，评价促进发展的功能才能真正发挥作用。质性评价方法的发展为这种过程式的形成性评价提供了可能和条件，注重过程，将终结性评价和形成性评价结合起来，实现评价重心的转移，成为世界各国评价发展的又一大特点。

（二）教学评价的基本意识

1. 整体意识

整体可以是一节课，也可以是一门学科甚至多门学科。学生良好的精神品格和学习能力的培养，需要多门学科协调合作才能更好地完成。如果只过分强调某一学科的个性，而忽视各学科的共性和合作，强行切割各门学科之间的相互联系和沟通，对培养学生良好的精神品格和学习能力是非常不利的。对道德与法治这门学科来说，在课堂中培养学生的全面素质，也必须有整体意识；在教学目标的制定和把握上必须跳出道德与法治这一学科的框架，注重目标的整体性和全面性。

2. 应用意识

道德与法治的应用性很强，它无时无刻不在影响着我们的生活，在生活中能得到全面体现。如果在课堂中不结合社会现状，而只是照本宣科地讲解书本上的内容，会让学生的应用意识变得淡薄。因此，在课堂中，教学评价要有目的、有意识地结合应用，遵循教育的目的，结合学生的认知规律，力求使学生了解知识是来源于生活、生产和实践的，参与知识的形成过程。

3. 创新意识

从以前的教学设计来看，教师的敬业精神和钻研精神是无可挑剔的，但在教学模式和教学方法上都是沿袭前人的风格，很少有自己的教学风格。教育改革意味着倡导创新意识，教师在教学上要开创出新的教学方法和风格，在改革方向不错的条件下，可以大胆去尝试。

4. 超前意识

我们每个人都要接受学校教育。就一节课来说，教育改革的方向不能错，必须把握准确，着眼于未来。在现实中，获奖的示范课和观摩课都是一些精品课，一些个性突出、优缺点明显的课虽然不能获奖，但是这些课会给听课者留下非常深刻的印象。如果这些课经过打磨和规整，也能获奖。因此，我们对课堂教学要用发展的眼光来看待，大胆而积极地提倡超前意识，使教学思想能够站在时代的前沿。

5. 主体意识和服务意识

教育改革不仅要承认和尊重学生的主体地位，更要注意发展学生的主体性。但现实并非如此，在实际课堂教学中，学生的主体地位经常被忽视，这样，学生就不能根据自己的需要大胆地去发展，缺乏主动参与性、竞争性、创造性，以及勇于表现的意识和能力。因此，教师在课堂教学中必须承认和重视学生的主体地位，更要意识到课堂是学生学习知识的场所，而不是自己表演的舞台，不能只顾自己讲得舒畅、讲得漂亮，更要关注课堂里学生的神态和动作。教师必须有服务意识，在教学设计时为全面把握学生和熟知教材服务，在课堂教学中为解决学生遇到的问题和难题服务，为把握重点和突破难点服务。

6. 效率意识和训练意识

优化课堂教学是提高课堂教学效率的必要手段。教师如果没有效率意识，就不可能在一节课中完成教学目标。另外，练习的数量对知识的掌握具有非常重要的作用，为了提高课堂教学效率，教师必须给学生提供适量的练习时间和练习量。

总之，学生是课堂教学的主体，教师是课堂活动的组织者、引导者和合作者。教师应该结合每个学生个体的差异，因材施教，使每个学生都得到充分的发展；教师可以根据学生的具体情况，对教学内容进行再创新。

（三）教学评价的具体策略

1. 明确评价的目的

现阶段的课程评价根据其目的，可以分为：①甄别、选拔性评价；②鉴定性的水平评价；③发展性评价。

新课程标准的评价目的包括：①诊断学生的学习质量，检验学生的学习水平，明确学生的学习方向；②增强学生的自信心，提升学生的可持续发展的能力，培养学生的个性和创造性；③检验教师的教学效果，并根据教学效果及时调整教学策略和方法。

评价目的的改变使教师意识到在学习评价管理功能的基础上，必须充分发挥评价的教育功能，让学生得到全面的发展。通过形成性评价来找出教师教和学生学过程中存在的不足和问题，并针对这些不足和问题及时调整课程设计，改善教学过程，使这些不足和问题能够及时得到解决。评价要实施差异性评价，根据每个学生成绩的差异，以学生本身为参照，让学习成绩好的学生更优秀，让学习成绩差一点儿的学生不为此感到自卑。同时，在教学中，可以采取多种激励措施，帮助和鼓励学生获得成功，感受成功的喜悦，用良好的效果去加强学习的动机，促使每个学生的素养都得到良好的发展。

2. 找准评价的重心

传统的教学评价太专注于对知识的掌握，对学生解决问题的过程和能力却不重视。这种"重结果，轻过程"的评价不能充分发挥教师的教学方式和教学方法的作用，压抑了学生的学习兴趣。新课程标准要求不但对学生对基础知识和技能的理解和把握进行评价，而且更注重对学生的参与状态、学习方法、思维方式以及学习主动性、创造性、积极性和探究性进行评价。

新课程标准特别提出，要学生学习对生活有用的、对终身发展有用的能力。这就要求在评价学生解决问题的能力时，了解学生能否把现实生活中的问题作为背景材料，找到解决问题的方案，养成解决问题的思路，对结果做出有效的解释。在评价学生解决问题的过程中，对学生提出问题、搜集整理材料以及分析信息材料、回答问题这一完整过程中的表现是不是完全了解。学生在收集整理以及分析信息材料过程中的表现是评价的重点。全面了解学生能否利用各种信息源去收集材料以及学生获得材料途径，比如，能不能通过社会实践等方法，信息材料的质量是否得到保证；能否将信息材料归类，通过分析信息材料得出结论。

3. 拓展评价的内容

拓展评价的内容，从原来的狭窄和片面转向全面和综合。这种改变要重视评价学生探究和解决问题的能力和过程，重视评价学生创造性思维的能力和过程，重视评价学生在学习中所形成的情感态度与价值观。

全面性体现在课程内容的全面性上。在课堂教学时，教师可以提供具有拓展性和实用性的课外阅读资料，分别满足学生各自的需求。评价的全面性还体现在目标上，评价不能只局限于知识与能力，还要注重学生的学习行为，更要关注并综合评价学生在情感、态度和价值观以及创新意识、实践能力等每个方面的变化与进步。个体差异发展的全面性也十分重要，学生的"全面发展"与"全优发展"还是有区别的。因此，教师在评价时，必须充分尊重学生个体差异发展的全面性和各方面的关系，关注每个学生智力的差异，最大限度地实现学生的个体价值。

综合性主要体现在评价内容和评价方法的综合。评价内容可以从学生的语言沟通、交流、表达，搜集与筛选信息、辨别等各方面考查，特别是辨别、观察、自主学习和持续学习能力的考查。在评价方法上，把形成性评价与综合性评价科学地结合起来，尽量淡化量化评价和客观化评价，加强学生的参与性评价，尽量使量化评价与实质性评价有效地结合、结果评价与过程评价有机地结合，这样才能保证评价的真实、合理、准确、全面。

4. 丰富评价的形式

以往考试是教学评价的唯一形式，现在评价的形式要从单一化走向多样化。根据学生的心理特征、学习形式、学习特点以及各种评价方式等每个方面的差异，应该采取多种形式评价相结合，如书面测验、口头交谈、观察、交流、探究等。评价学生思想表现，要更为关注其变化和进步的动态过程，采取科学、合理、灵活、有效的方式。

在运用书面测验时，试卷的编写要尽量克服忽视每个学生个体差异的缺点，不要以知识记忆为主，偏离实际的倾向；注意试卷题型的多样化，既要有测试学生对基础知识和基本技能的回忆和再认水平的选择题，也要有以测试学生的理解能力、思维能力、态度、价值观等内容的简答题、综合题等主观性试题。同时，要在试卷中出现一些情境问题和开放性问题，来检测学生的创造能力和分析实际问题的能力。

用观察法对学生的学习进行评价时，为保证真实性，必须确保观察在自然、真实的状态下进行；做好观察前的准备工作；明确观察目的和项目；要真实、客观、具体、全面地做好观察记录。

5. 确立评价的主体

在以前的教学评价中，教师的主要任务是纠错，无形中在师生之间造成一种对立的关系。这种教学评价会造成评价结果不客观、不真实，容易出现片面、主观的评价结果，使学生对教师产生一种敌对情绪，不利于建立良好的师生关系，使学生失去学习的动力，容易使他们的自尊心和自信心受到伤害，从而产生一种应付、惧怕、对抗、逃避的学习态度来对待教师。因此，在新课程中，教学评价强调学生的主动参与性，从被动转变为主动，支持和鼓励学生、家长都参与到评价中来。这种改变特别容易调动学生的积极性和主动参与性，让学生主动对自己的学习进行检讨和反思，同时，也加强了学生之间相互学习、监督、交流，清晰地认识到自身的优点和缺点，从而更加全面、客观地认识自我。

总之，只有坚持主体取向的评价观，坚持过程与结果并重的评价观，注重多种评价策略的综合运用，进行教学评价改革，才能提高教育教学质量，才能促进学生的全面发展，才能为新时期培养合格、有用的人才。

二、道德与法治课程的教学评价

（一）教学评价的主要目的

道德与法治课程评价的主要目的是激励每个学生品德和行为的发展，促进每个学生生活能力的提升，使教师全面了解和掌握学生的情况。道德与法治课程评价倡导多元、开放、整体的评价观。评价目标、内容、手段和方法，从单一、封闭走向开放、多元，评价过程从片面追求学生的学业成绩，走向整体关注学生的全面发展。

1. 积极促进学生发展

道德与法治课程主要是培养小学生的道德品质、法治观念，以促进小学生的健康成长。教学评价就是树立促进学生发展的教学理念。

（1）教师需要对学生发展的内涵有深入了解，采用有益于学生发展的教学方式。教师在小学道德与法治教学中，应灵活地采用多种教学方式，如阅读、讨论、辩论、参观、调查、访问、游戏、角色扮演等，从多视角和多维度展开教学，给学生创造大量动脑、动手的机会，促使学生学习兴趣有效提升，培养学生的核心素养。

（2）支持和鼓励学生积极参与学校组织的各项道德与法治教育活动，在实践活动中引导和教育学生，并在活动之后组织学生交流心得，使得学生能够在实践活动中对道德与法治有更深层的体会，不断提高学生社会参与能力。

（3）重视对学生活动过程的评价，重视学生在活动过程中的态度、情感、行为表现以及付出努力的程度，如关注学生在活动中是否积极投入，努力探索、思考、想办法解决问题，主动与同学讨论，克服困难等。即使活动的最后结果没有达到预期目标，也应从学生体验宝贵经验的角度加以珍视，而不是只重视最后的结果。

（4）引导学生通过互联网等途径自主调查、收集资料，之后指导学生以小老师的角色分析、分享资料内容，培养学生相互协作的能力，提高学生自主发展水平。

（5）注重培养学生的知行合一。在小学道德与法治教学中，教师应转变自身的教学观念，构建和谐、新型的师生关系，和学生做朋友，给学生人文关怀，从而对学生的道德与法治行为做出更有效的指导。学生"学知"的过程和"践行"的过程时常存在着时间、空间等方面的不统一，知识指导行为需要经过内化的过程，因此，在具体情境中，当学生出现"知""行"不统一的情况时，教师要对学生进行合理引导，改善其不良行为，使其行为符合相关准则，充分做到知行合一。

2. 全面了解和掌握学生学习能力

教学评价是课堂教学的最后一个环节，全面了解和掌握学生的学习能力不仅有助于教师获得教学反馈，还有助于学生进行学习反思，及时发现自身学习的优点和不足之处。为了更好地实现小学道德与法治教学目标，教师应当采用多样化评价，促进学生发展。

3. 倡导多元、开放、整体的学生评价观

评价主体多元化，学生既是评价的对象，也是评价的主体，积极鼓励学生自评、互评，鼓励家长与其他有关人员广泛参与；不用统一的尺度去评价所有学生；尊重差异，关注每一个学生在其原有水平上的富有个性的发展；渠道多元，分析学生的言语或非言语表达，收集学生的各种作品，汇集来自教师、同学、家庭等各方面的信息，力求准确、全面地评价学生。

（二）教学评价的目标和内容

1. 教学评价的目标

教学评价强调对评价对象人格的尊重，强调以人为本的思想。因此，教学评价的根本目标就是促进发展，它包含促进学生发展和促进教师成长两个方面，具体如下：

（1）促进学生发展。教学评价关注学生个体的全面发展，它不仅重视学生对于知识、技能的掌握，更关注学生在课堂教学过程中的表现，关注课堂教学过程中学生的情感态度与价值观的形成。加强学生情感态度与价值观的渗透与培养，是当前我国小学道德与法治课的重点内容。

教学评价应关注个性差异，学生是有差异的个体集合体。因此，关注和理解学生个性发展的需要，尊重和认可学生个体化的价值取向，根据学生的不同背景和特点运用不同的评价方法，客观判断每个学生的不同发展潜能，提出适合学生个体发展的建议。教学评价要关注学生对评价过程的全面参与，从而能够促进学生不断反思，发展学生认识自我、激励自我、改造自我的能力，进而促进学生不断成长。

（2）促进教师成长。教学评价倡导把评价结果以科学、恰当的方式反馈给教师，使教师最大限度地认可与接受评价结果，从而建立对自身更客观、更全面的认识，知道自己存在的不足，明确自己下一步的发展方向，在反思中不断成长。另外，教学评价能够促使教师掌握大量新的评价理论和评价技术方面的知识，提升自身的教育科研能力，从而促进自身的专业发展。

2. 教学评价的内容

从活动理论和实践哲学来分析，教学活动中存在三种亚活动。这三种亚活动就是教师的教、学生的学以及教师与学生之间的交往活动。教师与学生分别是前两种活动的主体，而在后一种活动中，教师与学生两个都是主体，又称双主体。因此，教学评价的内容要从以下几方面来论述：

（1）教师的教。在教的过程中，教师的主要任务是对教育对象、教学过程、教学目标的认识，对教学内容的把握和呈现，对课堂有序运行的构建、组织和调控。因此，对教师的教的评价主要包括以下内容：

第一，教师是否有明晰的教育观念。道德与法治课程要求我们加强教学的过程性、学生学习的体验性，引导学生主动参与、亲身实践、独立思考、合作探究，发展学生搜集和处理信息的能力，以及获取新知识的能力、分析和解决问题的能力、交流与合作的能力。对教师的教育观念可以重点考查其学生观、学习观、教学观、课程观和评价观。

第二，教学设计是否运用了有效的教育理论。对于教师的教学设计和实践过程中所蕴含的教育理论可以重点考查教学理论、学习理论和课程理论。

第三，教师的行为是否符合目的性。对教师行为的目的性考查，过去存在一个很大的误区，那就是只指向教学目标。其实，教师的教学行为不能够仅指向教学目标，它还应该指向问题情境的生成，指向学生主体的构建，指向具有生命活力的课堂生活的构建与生成。因此，对教师教育行为考查的重点应该是，是否有利于学生主体的构建，是否有利于课堂生活的生成，是否有利于教学目标的实现。

第四，教师对课堂管理是否得当。重点考查时间安排是否合理，时间是否得到充分利用，课堂问题行为是否得到有效调控。

（2）学生的学。对学生的学的评价主要包括：①学生是否获得了应有的发展，对教学目标的实现，强调的是发展性，评价时重点考查学生发展的全面性、发展的充分性和发展的自由性；②学生是不是真正的主体，重点考查学生对学习是否积极参与、自主活动和全身心投入；③学生的活动是否处于自我意识水平，不仅要求学生学习自觉、主动，更要求学生能够意识到自己的学习，把自己的学习过程作为认识的对象，实行自我监控，并及时做出评价和调整。因此，这里重点考查学生是否在自我调控和自我评价。

（3）教师与学生的互动。在教学活动中，不仅存在教师的教和学生的学这两种主客体间的对象性活动，还存在一种人与外部的关系，其不是对象性关系，而是一种意义关系，即存在一种意义的活动。所以，师生互动角度的评价主要包括以下内容：

第一，师生之间是否有互动。在教师与学生之间进行的授—受过程实际上就是一种互动。所以，我们注重考查课堂互动的多元性、双向性、流畅性和实质性。

第二，师生关系是否恰当。师生关系在我国一直比较紧张，学生害怕见到教师，常常是只有学生尊重教师而教师可以不尊重学生，在课堂上师生之间很生硬、很僵化、不协调，这也许是中国的教师文化和教育传统。这种现象极大地影响着学生主体性的生成和张扬，制约着学生个性的健康发展，抑制学生创造力的发挥，所以，要着重考查师生关系的平等性、民主性和亲和性。

第三，监控是否有效。师生之间要不断地有反馈、有信息交流，师生共同维持课堂有序展开和持续。所以，要考查反馈是否及时、评价是否恰当以及调整是否合理。

第四，课堂气氛是否具有生命意义。课堂要对学生具有吸引力，是学生向往的地方，学生应该在课堂上能够得到充分的展示和自由发挥，能够享受到成功的喜悦、体验到生命的活力和人生的价值。因此，要着重考查课堂气氛的和谐性、愉悦性、积极性和生成性。

（三）教学评价方式和方法的运用

1. 评价的方式

道德与法治教学评价以质性评价为主，量化评价为辅，重视学生在课程标准所规定的课程目标和课程内容方面的个性化表现。

2. 评价的方法

（1）观察法评价。观察法是教师根据评价指标的要求，在自然状态下，有目的、有计划地观察学生的日常学习、生活中的能力和行为，以及所表现出来的情感和价值倾向，并记录下来作为对学生进行引导和评价依据的一种方法。它具有目的性、直接性、情感性、可重复性的特点。

第一，观察法分类。观察法从时间上可分为长期观察与定期观察，从范围上可分为全面观察和重点观察，从规模上可分为群体观察和个体观察。

第二，实施观察的基本途径。

课堂观察。它主要是观察学生的学习状况，观察学生对学习活动的兴趣和参与状态，观察学生与教师、学生与学生之间的交往、合作状态，观察学生学习的习惯与学习主动性，观察学生的学科知识掌握程度与学习的能力。

活动观察。通过志愿者服务、社会调查、专题访谈、参观访问，以及各种职业体验等活动，以议题为纽带，以活动任务为依托，不仅评价有关学科内容的学习效果，更要评价学生在参加社会实践活动中所表现出来的情感、态度、能力和行为。

第三，观察法运用要求。观察要有目的、有计划、长期地进行，保证观察材料的真实性、可靠性。坚持观察的客观性、全面性，采取多种方式和方法对学生的思想品德和学科素养状况进行全方位的观察。

（2）访谈法评价。访谈，就是研究性的交谈，是以口头形式，根据被询问者的答复收集客观的、不带偏见的事实材料，以准确地说明样本所代表的总体的一种方式。尤其是在研究比较复杂的问题时需要向不同类型的人了解不同类型的材料。访谈法广泛适用于教育调查、咨询等，既有事实的调查，也有意见的征询，更多用于个性化、个别化研究。访谈法是教学评价的一种常用方法，适用于事实调查或意见征询等，在访谈前一般要先拟定访谈提纲。

第一，访谈法评价的优缺点。

优点：方便可行，引导深入交谈可获得可靠、有效的资料，特别是团体访谈，不仅节省时间，而且与会者可放松心情，做较周密的思考后回答问题，相互启发影响，有利于问题的深入。

缺点：样本小，需要较多的人力、物力和时间，应用上受到一定限制。另外，无法控制被试受主试的种种影响，如角色特点、表情态度、交往方式等。所以，访谈法一般在调查对象较少的情况下使用，且常与问卷法、测验等结合使用。

第二，访谈的技巧。谈话要遵循共同的标准和程序，避免只凭主观印象，或谈话者和调查对象之间毫无目的、漫无边际的交谈，关键是要准备好谈话计划。访谈前尽可能收集有关被访者的材料，分析被访者能否提供有价值的材料，考虑如何取得被访者的信任。关于访谈所提问题，要简单明了，易于回答；提问的方式、用词的选择、问题的范围要适合被访者的知识水平和习惯；谈话内容要及时记录。研究者要做好访谈过程中的心理调查，要善于洞察被访者的心理变化。

（3）问卷法评价。问卷法是指调查者根据研究目的和研究内容，就调查项目编制相应的问题序列，按一定的原则排列，编制种种不同形式的书面问卷，分发给调查对象，请求书面回答，然后回收、整理问卷，并进行统计分析，从而得出研究结果的研究方法。

第一，问卷法评价优缺点。优点：①标准化程度高；②匿名性强；③效率高。缺点：对调查对象的阅读能力和表达水平有较高的要求，且真实性无法评估。

第二，问卷法评价的类型。问卷法主要包括封闭式问卷和开放式问卷、标准化问卷和自编问卷、速发问卷和邮寄问卷等。

第三，问卷的一般结构。问卷一般有标题、前言和指导语、问题、选择答案和结束语等部分。各部分在问卷中都具有不可忽视的作用。

（4）成长资料袋评价。成长资料袋评价属于档案袋评价法，汇集能够展示学生的学习和进步情况的各种资料，记录学生在本课程学习中的各种表现，主要是进步和成就，来评价学生的课程学习情况和学科素质发展状况。

第一，成长资料袋评价的特点。主要包括：①用成长资料袋等方式收集学生成长过程中的各种资料；②资料袋里的内容是精心挑选的，不是任何东西都可以放进去的；③资料袋里的内容要真实可信，不能弄虚作假；④资料袋里的内容要有个性，不能千人一面、千篇一律。

第二，成长资料袋评价的优缺点。优点：真实、全面。缺点：不适于大班额评价。

第三，成长资料袋评价的实施步骤。主要包括：①明确评价目的，解释"成长资料袋"的类型和使用方法；②明确学生、教师、家长等在创建和使用"成长资料袋"中的角色；③确定评价内容和收集材料的种类、数量，采集资料的方法，评价标准；④引导学生准备和讨论应选择哪些作品放入资料袋；⑤对资料袋的记录项目列表并说明学习目标；⑥及时举行"成长资料袋"会议，分析采集样品，学生自我评价；⑦调动家长参与，依照评价结论采取改进措施，再次评价。

（5）学生作品分析评价。学生作品分析评价是通过对学生各种作品、活动成果，如笔记、作业、文章、书法、绘画、言论等的分析，了解学生活动过程和发展状况，比如，兴趣、爱好、理想、知识面等，从而了解学生的精神世界。

（6）谈话法评价。

第一，谈话法的本质。教师通过与学生各种形式的对话，获得学生思想品德发展状况的信息，据此对学生进行引导和评价。谈话法本质上是一种平等的师生讨论，是一种揭露矛盾、解决矛盾的教学方法，也是一种帮助学生纠正错误观念并获得正确认识的思想艺术。

第二，谈话法的要求。做好提问的准备，善于启发诱导，做好归纳和总结。当学生基本知识和经验不足而影响学习进程时，可采用提问式教学为学生提供帮助。

第三，谈话法的实施程序。主要包括：①精心准备和设计谈话问题，撰写谈话提纲，做好谈话准备；②有针对性地收集案例并进行加工剪裁，使之符合谈话主题；③了解谈话对象的行为和思想倾向，设计一个具有引发力的起始问题；④选择记录方式，作为分析、研判的依据；⑤以多种方式完成谈话评价，可以是学生个别评价、小组评价、教师总结性评价等。

3. 对教师的课堂教学评价

（1）教学目标精准、可行。把握教材、熟知教材是教好书的前提条件。只有吃透了新教材课程目标、性质、特点以及内容，教师才能准确、合理地设计教学方案。教师要实现有效教学，就要转变教学观念，正确制定教学目标，发挥其指导、调控、评价作用，用目标指导课程实施和课堂教学。教师在进行教学时，要依据课程教学目标，着眼于校园实际，着眼于社会生活，不要局限于教材具体内容，没有深入理解德育课程的价值在教学中的体现，就难以给学生有效价值的引领和良好品德与行为习惯的培养。

（2）教学方法恰当。小学道德与法治教学在小学教育中的地位非同一般，有着非常重要的作用，它不但能够帮助小学生树立正确的价值观、人生观和思想道德观，而且能够提高小学生抵制各种不良诱惑的能力，全面促进小学生身心更加健康成长。因此，在教学中，需要任课教师熟练运用现代教学观念和创新教学的方式与方法。

第一，改变教学理念，促使小学生更高效地去学习。在小学道德与法治课教学过程中，教师需要清楚地认识到学生掌握基础理论知识是必要的，这也能够促进学生综合素养的提升，让学生有效地掌握知识和学习方法，让学生形成正确的、有效的学习思维。在小学道德与法治课堂上，教师需要不断创新教学观念，也需要给学生更多的学习空间和学习时间，打破学生被动学习的局面。小学道德与法治课程知识总体上难度系数较大，但是只要学生能够理解，并且参与其中就能够对知识进行总结，也能够得到较好的效果。针对学生比较熟悉的问题，需要学生进行自主的探究，不断地提升自我的理解能力，拓展自己的思维。

第二，优化教学方法。想更好地提升小学道德与法治课知识有效传播的效率，就要认真地考虑学生的学习情况，不断地创新已有的教学模式，不断地对学习过程进行优化，以此激发学生的学习欲望。学生在学习过程中进行知识的积累是非常必要的，学生参与其中才能够激发出更多的探究欲望，才能不断地产生对学习的新鲜感，不断地培养学习的能力和实际操作能力。

第三，从生活中挖掘素材。教师可以从现实生活中挖掘素材当作案例，有针对性地进行教学。结合学生的生活环境、兴趣爱好、个人经历等因素，有针对性地进行教学，提高学生的道德与法治意识，增强道德与法治教学的实用性和有效性。

（3）提高学生的参与度。提高学生道德与法治教学的参与度，是增强课程教学效果的重要环节，是教学评价的重要因素。

第一，精心做好教学设计，力求实现教学目标。教学设计是一个复杂的过程，教师在进行教学设计时，要根据学生的学习水平，有针对性地设计教学计划。

第二，重视课前任务的布置，合理分散教学重点、难点和疑点。课前预习和向学生布置任务，为下一堂课教学活动的正常开展提供保障，这点至关重要。学生圆满地完成课前任务，有时会给课堂带来意想不到的精彩效果。教师要合理开发课程资源，给学生提供贴近实际、贴近生活、贴近时代的内容健康和丰富的课程资源，积极支持和鼓励学生主动参与课程资源的开发和利用。

第三，精心设计合理、有趣的活动内容，营造一种轻松、有趣的课堂气氛。师生互动、生生互动是当前课堂常见的方式。教师要结合教学内容，精心设计能引起学生兴趣的话题，引发学生主动参与实践活动的欲望。分组讨论时，教师应当走下讲台，在各组之间来回走动，及时为学生解惑释疑。与此同时，还应该注意观察小组中的弱势个体，给予他们恰当的、合理的关怀和指导。展示成果时，根据话题的难易度，让每个学生都能有表现的机会。

第四，重视教学过程评价，提升学生的参与意识。学生的学习动机很大程度上需要教师引导和激发，这种情感的激发就是一种对学生参与意识的评价。教师可以从知识、情感、意念这三个方面引导学生。语言是表情达意的工具，在课堂中，师生之间不但有知识的交流，而且有情感的交流和沟通。当学生出现与教师所提问题无关的回答或者想法时，教师不能简单、粗暴地用对错来判断，要支持和鼓励学生思维的创新性和独立性。教师对学生表现出的每一个反应都会直接影响学生的学习情感。

（4）积极参与社会实践活动。知识来源于实践，最后又能指导实践。在进行小学道德与法治教学的时候，教师可以将教学的课堂内容和实践结合起来，让小学生在切身参与中去感受、去体验，真正地理解、掌握这些知识的真正意义。

4. 对学生的学习评价

（1）综合评价学生的学习态度。道德与法治课程是学校德育教育的主要组成部分，在对学生道德与法治的学习进行评价时，不能光看考试成绩，还要看学生的学习进度、日常行为、思想行为等情况。通过学习道德与法治，看学生能否有效地控制和调整自己的情绪和行为，能否养成良好的生活和行为习惯，能否向他人清楚地表达自己的感受和见解，能否倾听、尊重他人。

（2）学业测评与实际效果相结合。采取监测与命制试题两种方式对学生的学习进行评价，这样既考量了学生学业测评工作，又有效监测了学校关于道德与法治的教学教研质量。将抽测与自主检测合理地结合起来，这样可以起到推动示范作用。细化评价标准，进行优秀成果示范展示活动，推广先进经验。

（3）外部评价与内部评价相结合。外部评价就是由不参与课堂教学活动的教育行政主管部门的人员对课堂教学进行评价，这些人可以是教育部门行政人员、教研员、学校领导、学校行政人员以及教师同行等；内部评价就是由教师本人和学生群体所进行的评价。评价者结合课堂教学目标、内容、对象、教师自身特点及教学环境，对教师的教与学生的学习行为的动机、过程、效果与价值进行评价。评价既有量的分析，又有质的把握，是量化分析与质性判断的结合。

（4）现场观察评价。现场观察评价就是评价者在课堂上听教师讲课和学生的学习，并对所听、所看的情况进行评价。随堂听课、评课等都是现场观察评价。

（5）监视监听评价。监视监听评价是评价者不进入课堂，利用设备对课堂进行实时监视监听的一种评价。这种评价更能真实反映教师的教和学生的学，因为教师和学生都不知道有人正对他们进行监视监听，不会给教师和学生带来压力，获取的信息更加真实、准确。

（6）量表评价。量表评价由教师和学生根据教学过程和效果填写事先编制好的评价量表。评价量表的制定是这种评价的关键，因此，量表评价有时也被称为问卷评价法，也是实践中应用最广泛的一种方式。

此外，道德与法治课程的评价方法，还有考试评价、自评和互评等。总之，要发挥评价的激励机制，让学生从消极的被评价对象变为评价的积极参与者，使他们在展示自己学习成果的过程中，在自评和互评中感受到成长的快乐。

（四）教学评价结果的解释和运用

教学评价结果的解释和运用就是对教学评价结果的分析、说明和反馈的过程，就是根据教学目的，依据一定的参照标准，考虑教师、学生、家长等需要，对课堂教学评价结果做出通俗阐述、反馈的过程。这一过程包含个体与个体、个体与群体、群体与群体之间的纵向和横向的比较。

另外，课堂教学评价结果的解释既包含对某个学生成绩的解释和报告，又包含所有学生总体成绩的综合解释。换言之，对一次测验结果的总的解释和报告。

1. **教学评价结果的解释和运用的特点**

作为教学评价的重要环节，评价结果的解释和运用有着自身的特点，具体如下：

（1）科学性。对课堂教学评价结果进行解释和运用，一般依据一定的教育教学以及心理学原理，而不是毫无根据地进行阐释和反馈。另外，如果要激发学生进一步的学习动机，那么在进行评价结果的解释和运用中就要依据心理学原理，着重强调学生的进步，突出其在学习中的优势，促使其扬长避短。所以说，教学评价结果的解释和运用是有科学依据的，具有科学性。

（2）随意性。教学评价结果解释和运用的另一个显著特点就是随意性。这里的随意是在科学原理基础上的随意，不是随心所欲地解释和运用。在实际对课堂教学结果进行解释和运用时，不仅要依据一定的科学原理，还要根据特定的任务、教学目的、学生背景和教师的个人期待等对评价结果进行灵活的变动，选择运用的方式和语言等。解释和运用的结果中，既可以包括客观性的理论解释，也可以依据实际需要灵活地进行一些主观的综合阐释。因此，教学评价结果的解释和运用具有很大的随意性。

2. **教学评价结果的解释和运用的原则**

（1）目的性原则。教学评价结果的解释和运用要有明确的目的，这个目的主要是指教学目的，这是教学评价结果的解释和运用的首要原则。因此，在对教学评价结果进行解释和运用时，一定要明确这次评价的目的，只有把握好了教学目的，才能够对评价结果做出合理的、能起到应有作用的解释和运用。

（2）综合性原则。综合性原则是指在解释和运用教学评价结果时，综合考虑多个方面，做出全面、系统的解释。具体来说，就是在掌握目的性原则的前提下，综合考虑学生表现、反馈对象的需要和合理的方式等，做到主观和客观有效统一。

（3）多样化原则。多样化既包含评价结果解释方式的多样化，也包含考虑反馈对象的多样化，不仅针对学生，还包括家长、管理决策者和其他学科教师等。这样的目的是避免单一的反馈方式带来负面影响。因此，对教学评价结果进行解释时，尽量做到多样化，以多种不同方式将评价结果反馈给学生、管理者和家长等，尽量让反馈对象能够客观、积极地看待评价结果，看到学生的优势和进步，真正促进教学的发展。

综上所述，教师应客观、全面、谨慎地解释评价结果，以获得对学生全方位的、深入的了解，避免以偏概全。通过对评价结果的解释，教师不仅能够比较客观地评判每个学生不同的发展水平和学习状况，而且能够发现每个学生的个性特点、学习特点、发展优势或进步等。以此为基础，教师可以进一步在后续活动中提供更有针对性的指导，从而帮助学生不断积累成功体验，健康、自信地成长。不能用评价结果对学生分等、划类、筛选，更不能将其作为惩罚学生的依据。

总之，课程学习评价是教学评价中最基本的组成部分，是促进学生健康发展的重要手段。它由对学生在道德与法治课程学习过程中的形成性评价和学业成绩终极性评价构成，着重通过解决情境化问题的过程和结果，评估学生所表现出来的道德与法治素养发展水平。

评价目的在于通过评价来检验学习的效果，诊断学生在道德与法治课程学习中存在的问题，并通过评价中获取的反馈信息，引导道德与法治课程教学的方向，调控教学进度，改进教学策略，以促进学生更好发展。评价结果同时也是反思与改进教育教学的重要依据。应利用评价结果进一步发现问题，改善教学，切实提高课程质量。

三、道德与法治课程教学真实性评价的新路向

（一）真实性评价

真实性评价是指直接检查学生在有价值的智力任务上的表现，有价值的智力任务包括提出和解决数学问题、进行科学实验研究、在与他人讨论时倾听和表达、基于文献开展历史调查以及不断修改完善富有创造性的文学作品等。评价不仅是对先前教学的反思，还应借助有意义的任务情境，引导学生掌握应对复杂现实问题的知识与能力，帮助学生更好地适应生活。

因此，教育评价的设计必须从这样一个前提出发，即必须考虑测试和评分方法对学生和学习造成的不可避免的影响，要明确什么样的挑战对学生最有价值，提供给教师关于学生能力的有用信息，并向教育问责者证明这些标准的合理性。在此理念指导下的评价方法，不仅向学生展示与现实生活高度相似的真实任务情境以考查学生的真实水平，同时，为教师和教育问责者提供学生学习过程的真实信息，故而是一种真实性评价。

真实性评价具有以下特点：

第一，从评价目的来看，真实性评价既可以评估学生学习成果，又能提供有关学生学习的真实信息以促使教师有针对性地改进教学，其主要目的在后者。

第二，从评价任务来看，真实性评价强调制定与现实生活相似的任务情境，考查学生利用所学知识、技能处理复杂问题的真实能力和真实水平。

第三，从评价标准来看，真实性评价强调根据不同的评价任务制定不同的评价标准，标准应具体明确且向学生公开，以便使学生明确努力的方向。

第四，从评价方法来看，真实性评价重视多种评价方法的综合运用，力求多方面、全方位地搜集与学生学习和发展有关的真实信息，记录、评价学生在学习过程中的变化发展。

第五，从评价主体来看，真实性评价是开放的评价过程，鼓励教师、学生、家长及有关社会人士都参与评价，提供有关学生学习表现的真实信息，或对学生的学习表现进行评价，以提高评价信息的全面性和真实性。与标准化测验相比，真实性评价在管理和实施上会花费更多的时间，但能提供反映学生真实学习情况的资料，记录学生的变化发展过程，为学生提供展示自己和发展自己的机会。

真实性评价是一种发展性的评价理念，符合现阶段课程评价所倡导的"建立促进学生发展的评价体系"的要求。因此，在道德与法治课程评价中，结合课程本身的特点重新审视真实性评价理念，具有深刻的理论意义和现实价值。

（二）真实性评价在道德与法治课程中的意义

评价是一种价值判断活动，是对客体满足主体需要程度的价值判断。从主客体关系看，现代"道德与法治"课程评价是指该课程是否对学生思想品德素养的形成和发展发挥了价值，以及发挥作用的价值判断过程，这就要求对学生的思想品德素养做出全面、综合的考量与评价。判断一个人的思想品德素养，不仅涉及认识能力、明辨是非能力等认知因素的评判，还包括对信仰、情感、责任感等非认知因素的评价。因此，与一般的课程评价相比，道德与法治课程评价有其自身的特殊性和复杂性，主要体现在评价目标更具生活性、评价领域较为复杂、评价过程难以排除主观倾向以及评价结果具有模糊性和不确定性等方面，而真实性评价则为破解上述难题提供了理论指导和方法借鉴。

1. 有助于实现生活化的教学目标

教育评价就是教育活动满足社会与个体需要的程度做出判断的活动，是对教育活动现实的或潜在的价值做出判断，以期达到教育价值增值的过程。具体到课程评价，是借助一定的手段判断课程目标是否实现的过程。因此，课程目标是评价课程实施情况的重要依据，课程评价有无特殊性和复杂性取决于课程目标有无自身的特殊诉求。

道德与法治课程目标可以概括为通过知识学习、实践能力的培养和价值观的引导，帮助学生形成良好的品德、行为习惯和公民素养，使学生更好地适应生活。生活是道德与法治课程的重要旨归，其课程目标的特殊性表现为生活性。与此对应的教学评价就必须包含生活化的任务要求和判断标准，检验教学是否促进学生适应现实生活，以及在多大程度上提升学生社会能力。这要求以生活化的目标为中心进行整体设计，把教学和生活统一起来，考查学生应对复杂现实问题的能力。一般的评价方法难以达到这一要求，而真实性评价则能够为其提供指导性的评价策略。

目前，学界并未明确界定真实性评价的概念，但对其内含的任务标准达成了共识，即评价任务必须与标准情况相似。这意味着制定教学任务必须对教学目标、课程内容、学生经验进行综合考量，从学生可理解的现实生活中选取与课程内容相关的主题制定评价任务，使学生在解决问题、完成任务的过程中锻炼相应的社会能力。在此过程中，评价既发挥了对教学和学习的导向作用，又承担着检验学习目标是否实现监督反馈职能；既密切了自身同教学和学习的联系，又借助评价任务把教育和生活联系在一起，使生活化教学目标的实现成为可能。真实性评价正是通过拟真的评价任务和贯穿学习始终的评价策略，满足了道德与法治课程生活化的目标要求。

2. 重视学生的全面发展

道德与法治课程评价领域的复杂性是由课程目标的特殊性决定的。小学阶段的课程目标包括情感与态度、行为与习惯、知识与技能、过程与方法四个方面。与一般智育课程相比，道德与法治课程更重视情感、价值观、行为习惯等非认知因素的发展，这就决定了评价不仅要涉及认知领域，还要包括非认知领域，且应以后者为重点。然而，对情感、信仰、价值观等非认知领域的评价本身就存在复杂性、特殊性，其中所暗含的隐性内容很难被及时察觉，致使学生的"隐性学力"易受到忽视，造成评价结果的偏差。纠正评价偏差，就要尽可能多地为学生提供展示他们自己的机会，通过不同的评价方式引导学生把"隐性学力"外显出来。对此，真实性评价为我们提供了有益的借鉴。

真实性评价是一种评价方法，更是一种评价理念，作为一种评价理念，它打破了传统评价理念中不同评价方法此消彼长、彼此存在隔阂的局限，把注意力集中在教学目标的实现和学生的发展上，主张采用多种评价方法记录与学生学习和发展有关的真实信息，对学生的成长变化做出真实有效的回应。多元的评价方法为学生发展提供了多种形式的证明材料，使教师和其他关心评价的人员可以据此关注学生多方面的成长和变化。

3. 规范了评价过程

道德与法治的课程性质、课程目标决定了教学评价必须侧重非认知领域因素的考查。

与认知领域因素相比，评价非认知领域因素发展的困难主要体现在：①评价领域复杂，包含难以测量的隐性内容；②评价过程难以做到完全的客观公正，评价者会掺杂难以克服的价值偏向。尽管教育评价最主要的问题是考查教育目标是否实现的问题，而非评价客观不客观的问题，但为了使评价结果更具说服力和有效性，我们必须在评价过程中尽可能多地消除个人价值立场和情感因素对评价结果的影响，让评价过程更加公平公正。为获得相对客观公正的评价结果，评价者必须规范自身的评价过程，并接受利益相关者的监督，对此，真实性评价提供了具体可行的解决方案。

真实性评价的倡导者强调，评价任务必须有配套的评价标准，评价标准要根据国家制定的学习标准和我们对学生的期望进行综合判断。评价标准越细化越有助于教师明确教学目标。同时，还能在一定程度上规范教师的评价过程，让教师的评判有据可循。评价标准不仅对教师意义重大，亦能在学生学习过程中发挥导向和激励作用，使学生向更高的目标前进。评价标准的公开透明也为评价结果的监督申诉提供了证明。真实性评价正是通过明晰的评价标准规范了教师的评价过程，减少了个体主观倾向可能对评价结果造成的负面影响。

4. 为学生发展提供了可靠信息

任何学科的学习都需要认知领域和非认知领域的参与，但与其他课程相比，道德与法治学科更侧重非认知领域的发展。而影响人情感、信仰、品性等非认知领域发展的因素较为复杂且难以控制把握，这就决定了道德与法治学科教学评价，不能像其他的课程评价一样，采取侧重认知能力考查的评价方式，并依据客观的评价标准得到较为确定可靠的评价结果。因此，学生道德与法治课程学习的评价结果具有模糊性和不确定性。

除了评价结果的不确定性和模糊性，该学科评价结果的特殊性还体现在其发展性上。人的思想、品性等非认知领域发展是多种因素交叉影响的动态发展过程，直接的道德教学难以产生立竿见影的效果。因此，道德与法治学科教学评价关注的不应仅仅是学生当下的道德认知、道德情感和道德行为，更应重视学生发展变化的过程。

综上所述，道德与法治学科教学评价应尽可能全面、真实地记录学生的表现，呈现学生真实的发展变化过程，为关心评价结果的人群提供可靠的判断依据。毋庸置疑，真实性评价满足了这一要求。

真实性评价的真实性主要体现在评价任务的真实性和评价信息的真实性。评价任务的真实性在于评价任务是对现实生活的模拟，近似问题发生的真实生活情境；评价信息的真实性在于对评价对象信息的全面把握。具体而言，真实性评价要求评价者综合考虑评价对象的文化背景、个性特征等诸多影响学习表现的因素，并基于日常观察、问答交流等形式记录学生学习过程的真实状态，提供学生发展变化的真实信息。学生的道德素质、公民素养是一个不断发展的过程，与此配套的评价方式也应该贯穿在这一动态、持续发展的过程中。真实性评价与此评价理念不谋而合，理应受到道德与法治学科教学评价的重视，为学生道德素养、法治素养和公民素养的学习、发展情况提供真实可靠的评价信息。

（三）道德与法治课程开展真实性评价的路径

1. 转变评价理念，重视评价的导向作用

任何改革的尝试必须先打破传统观念的藩篱。传统的评价观往往把评价理解为事后的反思，重视测验对学习的查漏补缺作用，这一观念显然是对评价一词的狭隘理解。评价是对现实状态和预期目标之间差距的判断，既发挥着监督反馈的作用，又承担着对教学和学习的导向职能，因此，评价应贯穿教学和学习的全过程，共同指向促进学生发展的总目标。

在倡导素质教育和深化评价改革的背景下，我国小学道德与法治教师的评价观念已有所改善，在评价内容上日益重视学生道德判断和道德行为的发展。然而，在实际教学中，大部分教师仍把评价视为对先前教学的反思，没有认识到评价对教学和学习的导向价值。转变评价观念要求教师把评价、教学和学习视为相互促进的统一体，使三者相互贯通，共同实现预期的教育目标。

真实性评价正是倡导"以评价为中心促进教学和学习"的评价理念，主张评价者根据预期目标制定切实可行的评价任务和配套的评价标准，并以评价任务和评价标准为导向反思、调整当前的教学和学习过程，进而通过反馈—调整的实践循环实现预期的教育目标。这种评价方式充分发挥了评价的功用和价值，理应受到评价者的重视，并在实践中得到贯彻落实。

2. 深化理论学习，系统地使用评价策略

（1）确定学习目标。评价要确定的问题是"为什么评"，即评价的目的。对这一问题的回答是制订评价计划、开展评价活动的前提。在道德与法治的教学评价中，评价者要根据课程性质、课程目标、课程内容以及学生现有的发展水平，思考通过该学科的学习期望学生取得哪些方面的进步、发生怎样的变化等，进而将教育期望细化，形成切实可行、具体可操作的学习目标。确定评价目标的过程会迫使那些原本对目标认识模糊或理解不到位的人，在反思中明确自己的认知，更为深刻地理解教学内容和教学目标。

（2）制定真实性任务。目标确定后，就是如何达到这一目标，这一过程涉及评价任务的制定。道德与法治教师应以学生经验为基础，把现实生活融入将要学习的内容，以学生能理解的方式呈现问题情境，从而使学生在解决问题的过程中更深刻地把握学习内容和现

实生活的联系，为以后处理类似的问题做好准备。任务的形式应依据现有的教学条件确定，具体包括校外实践活动、课堂情境模拟等。总之，真实性任务的意义就在于让学生清楚现实生活中可能面临的挑战，使学生明确应该掌握的知识、技能和能力，以及如何运用它们去应对这些挑战。

（3）建立评价标准。真实性评价要求师生根据评价和评价目标，制定清晰明确的评价标准。评价标准越具体越有助于师生明确教学和学习目标，并能规范评价过程，保证评价过程的客观公正。

（4）评价与改进。评价中，真实性评价强调综合运用多种评价方法。常用的评价方法包括观察法、表现样本和测验。

第一，观察法是通过观察、问答等方式记录学生日常学习表现的评价方法。教师如果能规范系统地使用这一方法，则能及时捕捉学生的学习态度、情绪体验，以及教学是否与学生现有的知识水平相匹配等基本信息，为后续教学计划的调整提供参考依据。

第二，表现样本是展示学生思维、价值观、能力等方面信息的有形产品，常用的记录方法是档案袋法。档案袋中一般包含研究项目、创作成果、反思性作品等内容，为学生提供了自我证明、自我辩护的途径，而教师则可以借助这些有形产品了解学生的思维逻辑、价值观念以及认知能力等较为隐性的品质。

第三，测验则是以问题解决的形式考查学生认知、理解、运用能力发展的评价方式。不同于标准化的纸笔测验，真实性评价强调把具有现实意义的问题带入测验，并借助开放性任务、写作、改进的选择题等形式，考查学生对知识的理解运用和解决复杂现实问题的能力水平。

这些评价方法提供了多样的评价材料，使教师可以较为全面地关注学生的发展情况，根据学生实际需求调整教学计划，真正把教学看作促进学生发展为目的的活动。

3. 立足教学实际，创造性地使用真实性评价

真实性评价在教学实践中取得了良好的效果，得到国家和社会的支持。我国虽未明确系统、大规模地加以运用，但并不代表着这种评价理念和评价方法与我国教育背景背道而驰。相反，它与我国现阶段倡导的素质教育理念有异曲同工之妙。道德与法治学科教师应在深刻理解真实性评价理论的基础上，结合教学目标和现有的教学条件，在教学实践中贯彻这一评价理念并创造性地使用这一评价方法，从而在不断反思调整中建构真实性评价与我国教育背景相融合的新路径。

参考文献

［1］ 袁滢. 道德与法治课程与教学 ［M］. 长沙：湖南大学出版社，2020.

［2］ 王君香. 小学道德与法治教学理论与实践探究 ［M］. 长春：吉林大学出版社，2020.

［3］ 王若雁，裴云.《义务教育道德与法治课程标准（2022 年版）》中"课程内容"栏目的变化、特征及使用建议 ［J］. 教师教育论坛，2022，35（08）：14-16.

［4］ 易虹. 体验式教学及其在小学的运用 ［D］. 武汉：华中师范大学，2014.

［5］ 樊珍羽. 小学道德与法治生活化教学设计研究 ［D］. 重庆：西南大学，2022.

［6］ 向有松. 基于小学道德与法治体验式教学的实践探索 ［J］. 华夏教师，2022（19）：91-93.

［7］ 杨秀云，吴怡桦. 新课改背景下小学"道德与法治"生活化教学探析 ［J］. 湖南第一师范学院学报，2018，18（05）：43-47.

［8］ 陈健. 道德叙事法在小学《道德与法治》课程中的应用策略研究 ［J］. 吉林省教育学院学报，2021，37（01）：135-138.

［9］ 张书迁. 情景教学法在小学道德与法治课堂中的应用 ［J］. 亚太教育，2022（09）：112-114.

［10］ 马圆圆. 真实性评价："道德与法治"课程教学评价的新路向 ［J］. 内蒙古师范大学学报（教育科学版），2021，34（05）：117-122+146.

［11］ 王芝君. 多元教学策略开启"高峰体验" ［J］. 北方音乐，2020（22）：187-189.

［12］ 陈少瑜. 小学道德与法治课程的教材拓展策略 ［J］. 试题与研究，2023（03）：152-154.

［13］ 冯建军. 义务教育道德与法治课程性质 ［J］. 思想政治课教学，2022（05）：4-10.

［14］ 吴长华. 小学道德与法治课程资源开发与利用的策略探究 ［J］. 新教师，2022（12）：62-63.

［15］ 袁彩霞. 小学道德与法治课程的生活化教学策略 ［J］. 教育界，2022（28）：47-49.

［16］ 龚丽燕. 小学道德与法治课程中体验式教学策略的运用探析 ［J］. 智力，2023（03）：131-134.

［17］白红兵. 生活化理念在小学道德与法治课程教学中的融入［J］. 智力，2022（32）：112-115.

［18］何碧玉. 小学道德与法治课程的课外延展方式探究［J］. 考试周刊，2021（25）：113-114.

［19］包红萍. 基于新课改的小学道德与法治课教学策略［J］. 新智慧，2022（21）：60-61.

［20］沈婧婧. 小学道德与法治课的有效教学策略与创新［J］. 山西教育（教学），2021（10）：51-52.

［21］唐敏. 道德叙事法在小学道德与法治教学中的应用探究［J］. 新课程（中），2019（06）：86.

［22］杨调调. 浅谈情景教学法在小学道德与法治课堂中的应用［J］. 名师在线，2020（14）：27-28.

［23］顾黄燕. 小学道德与法治教学活动组织策略［J］. 中小学校长，2018（11）：54-55.

［24］张红. 摭谈立德树人下小学道德与法治教学评价策略［J］. 吉林教育，2019（12）：21.

［25］刘汝敏. 小学道德与法治课堂教学中提升学生核心素养策略［J］. 现代中小学教育，2018，34（7）：25-27.

［26］孙琴芬. 小学道德与法治课深度体验教学的四个控制点［J］. 教学与管理（小学版），2021（11）：46-48.

［27］卞玉琴. 小学道德与法治课的开放式教学［J］. 教学与管理（小学版），2020（3）：62-64.

［28］邓廷福. 小学道德与法治课中的道德教育［J］. 中国教育学刊，2022（7）：105.

［29］张淑清. 小学道德与法治教学实施成效、问题与对策［J］. 教育理论与实践，2022，42（26）：54-57.

［30］胡满姣，徐卫平. 小学道德与法治教材的个性化使用［J］. 教学与管理（小学版），2020（12）：58-60.

［31］唐燕. "摹仿生活"：小学《道德与法治》教材生活化的实现［J］. 中国教育学刊，2018（1）：15-20.

［32］罗长秀. 体验式学习在小学道德与法治教学中的有效应用［J］. 读与写，2022（22）：43-45.

［33］徐像才. 情境体验式教学在小学道德与法治中的有效应用方法探究［J］. 考试周刊，2022（29）：135-138.

［34］刘加非. 小学道德与法治课程有效教学的实践分析［J］. 华夏教师，2020（33）：45
    -46.

［35］刘丽明. 新课程标准下小学道德与法治有效性教学研究［J］. 文渊（高中版），2019
    （11）：418.

［36］刘亚丽. 提高小学道德与法治教学有效性的方法探析［J］. 新课程，2021
    （1）：170.

［37］翁丹丹. 从生活中开发小学道德与法治课程资源［J］. 新课程·小学，2017
    （12）：24.

［38］李慧敏. 基于"生活化"的小学道德与法治课程资源开发［J］. 辅导员，2022
    （13）：82-84.

［39］苏培园. 小学道德教育与法治教育融合的教学策略［J］. 教学与管理（小学版），
    2020（9）：43-45.

［40］张莉莉. 道德与法治课程中法治教育的一体化建设［J］. 基础教育课程，2020
    （24）：55-61.